Crise au travail
et souffrance personnelle

Isabelle Méténier

Crise au travail et souffrance personnelle

Albin Michel

À ma famille

Introduction

Huit heures du matin, un dimanche. Paule, en week-end chez une amie, la découvre morte dans son lit : arrêt cardiaque. « Ce jour-là, j'ai compris mon destin », avoue-t-elle.

À 38 ans, Paule était top manager dans une grande entreprise française. « J'étais investie à fond dans cette entreprise, je ne me rendais plus compte que je filais sur une pente dangereuse. Juste avant mon *burn-out*[1], je dormais deux heures par nuit, et ce depuis plusieurs mois. Je tenais par les nerfs, "par l'adrénaline", m'a précisé par la suite mon médecin. J'étais très bien payée, très bien vue et en pleine ascension. Et puis un jour, une sorte de brouillard noir m'est tombé dessus. J'ai dû rentrer chez moi, je ne savais pas ce qui se passait, je ne pouvais plus bouger. J'étais arrivée à un stade d'épuisement qui m'a valu deux ans d'arrêt maladie, dont seize mois d'arrêt total. Je suis restée plusieurs semaines dans mon lit, à ne pouvoir ni dormir ni faire quoi que ce soit. J'ai mis deux ans à récupérer mon sommeil. Ce fameux week-end, j'étais allée voir ma

1. Épuisement professionnel pouvant mener à la dépression et à un arrêt maladie de plusieurs mois, suite à une pression trop forte et à une fatigue chronique.

meilleure amie, qui souffrait du même mal que moi, même si elle ne faisait pas partie de la même société. Nous étions dans la même situation. Lorsque je l'ai découverte, quelque chose en moi s'est définitivement fermé : plus jamais ça. Ma vie, désormais, j'allais la prendre en main, lui donner un sens. Pourquoi en étais-je arrivée là ? Je voulais comprendre. J'allais changer. »

Aujourd'hui, Paule est en train de négocier son départ, elle a le projet de créer sa propre activité de thérapeute. « Quand on peut donner du sens à ce qui nous est arrivé, quand on a frôlé la mort psychique et physique comme moi, alors la vie prend un sens plus grand, qui transcende tout le reste. Bien sûr, j'aurais pu moins souffrir, mais le travail sur moi que j'ai entrepris m'a aidée. Tout ce que j'ai compris de mon fonctionnement, de mon histoire personnelle, me donne à présent de l'énergie non seulement pour aider les gens, mais aussi pour militer contre ces environnements malsains que sont devenues certaines entreprises, dont les managers n'ont plus rien d'humain. »

Crise professionnelle et crise de vie sont difficilement dissociables. Que se passe-t-il lorsqu'on traverse le désert du doute dans son travail ? La crise personnelle préexiste-t-elle à celui-ci ou bien est-ce la crise au travail qui le provoque et interagit sur la vie affective et psychique ? En quoi la crise professionnelle s'inscrit-elle dans une histoire de vie ? Pourquoi quelqu'un est-il en échec alors qu'il n'aurait jamais pensé l'être un jour, qu'il a fait de bonnes études, qu'il a des compétences ?

En tant que psychologue, j'accompagne depuis plus de vingt ans des personnes en proie au doute sur eux-mêmes. Je n'ai jamais compris pourquoi les domaines professionnel et personnel sont toujours si séparés. En entreprise, interdiction de parler de la vie personnelle ! En entretien de psychothérapie, aucun intérêt de parler du travail ! Cette dissociation est peut-être l'héritage de la lointaine époque du taylorisme où le salarié, considéré comme un objet de production, n'était guère sollicité pour ce qu'il était. Aujourd'hui, on veut s'épanouir et (re)donner du sens à son quotidien professionnel, qui en est de plus en plus dépourvu. On veut aussi se retrouver soi, alors que les employeurs demandent de plus en plus une mobilisation sans faille de chacun.

Comme tous les psychologues, lors de mes études universitaires, j'ai été formée à la psychanalyse, freudienne surtout. Très vite, au travers de mon expérience, j'ai compris que les temps d'échange, dans une atmosphère bienveillante et sous le sceau de la confidentialité, sont salvateurs pour les gens qui y participent. Ces derniers vivent des situations difficiles au travail et ne peuvent en parler nulle part. C'étaient alors mes premiers groupes de développement personnel et j'y ai appris, à 30 ans, une leçon essentielle : sous couvert de parler de leurs difficultés professionnelles, les personnes souhaitent en réalité développer leur estime et leur conscience d'elles-mêmes, partager leurs problèmes de couple, d'éducation, de famille, et apprendre des clés utiles sur le développement humain. Et lorsqu'un lien est établi avec leur métier, leur épanouissement devient flagrant : plus libres, elles peuvent enfin choisir, se positionner, passer à autre chose, s'affirmer. Et faire rimer « travail » avec « plaisir ». Pour la plupart, l'association des deux semble impossible.

Je travaille, de concert avec les personnes qui viennent me consulter, sur leur développement, pour les aider à rebondir et à retrouver le goût de travailler. Mon attention se porte moins sur l'analyse des systèmes organisationnels ou les modes de management qui sévissent à l'heure actuelle dans les entreprises que sur les éléments de l'histoire familiale et personnelle qui favorisent ce « phagocytage » de l'individu par l'entreprise. Savoir ce qui fait qu'un jour quelqu'un ne veut plus se rendre à son travail, ou pourquoi il ne l'aime plus au point de ne même plus se lever, a toujours attiré mon attention : pourquoi l'a-t-il fait des années malgré tout ? Parfois, c'est le contraire : l'activité professionnelle est au centre de la vie à tel point qu'une personne en a oublié conjoint et enfants ; en tirant le fil, on remonte... jusqu'à ce qui a forgé les premiers choix : l'obéissance à ses parents, la fidélité à une tradition familiale, une rébellion coupable ou bienvenue... « Et pourquoi *moi* et pas ce frère, cette sœur ? Pourquoi toutes ces questions d'un coup ? »

Bien sûr, l'organisation du travail lamine de plus en plus de monde, et beaucoup de gens quittent l'entreprise en espérant ne plus jamais y retourner. C'est le moment pour eux d'examiner ce qui a fondé leurs choix et leur existence. Ces personnes ont soit été mises sur la touche d'un système qui ne veut plus d'elles, soit au contraire portées aux nues et retombées de si haut qu'elles ont besoin de se reconstruire sur des bases nouvelles. Dans tous les cas, j'entreprends avec elles un travail sur l'estime de soi, qui les amène à revisiter toute leur histoire personnelle et professionnelle, jusqu'aux valeurs familiales dans lesquelles elles ont baigné étant enfants.

Mon constat, après une vingtaine d'années de pratique, est que le choix du métier assure une cohérence du système familial et donc la protection de ce système. Il est accepté s'il garantit l'équilibre familial et intergénérationnel. La non-conformité représentant un danger pour ce microsystème, il y a donc un risque de pression parentale, voire de persécution dans le cas de familles rigides, psychologiquement malades et fragiles. Sinon, comment expliquer que certaines familles coupent les vivres à un jeune refusant de se conformer au diktat familial ? Comment comprendre ces personnes m'avouant avoir obéi à une demande familiale implicite ? Lorsqu'elles regardent les rapports qu'elles entretiennent avec leur famille élargie, elles peuvent repérer quelles fidélités sont à l'œuvre, quelles réparations, quels rôles à tenir sont présents dans leurs relations familiales qu'elles reproduisent à leur insu au travail.

Avons-nous du mal à nous faire entendre ? Du plaisir à nous faire bien voir ? De la rancœur non exprimée vis-à-vis de notre hiérarchie ou de notre société ? Sans occulter la réalité des systèmes organisationnels et de la culture d'une entreprise, nous pouvons relier ces questions à notre problématique familiale, car nous ne faisons qu'un, et notre cohérence psychique dépend de celle de nos comportements. Ce que nous faisons, pensons, a du sens : s'interroger à bon escient devient une nécessité quand on veut comprendre les fondements de nos actions quotidiennes.

Mais cela prend du temps... et ne s'achève jamais tout à fait. Parfois, les personnes reviennent me voir plusieurs années plus tard. Travailler avec plaisir, lorsque cela ne fait pas partie des « habitus » familiaux, cela s'apprend, cela s'apprivoise et, par-dessus tout, cela s'accepte. Ce n'est ni automatique ni définitif. Et, surtout, pas toujours facile. Car le travail évolue avec nous.

La vie professionnelle est la face émergée de l'iceberg, là où chacun se trouve confronté aux vents (la conjoncture), cyclones (la crise), vagues (de licenciements), et à la violence des rapports humains. Elle est l'expression de notre personnalité profonde, et nous disons à longueur de journée qui nous sommes sans pour autant en avoir conscience et sans que les autres ne le découvrent forcément. Bien entendu, on peut être bien dans sa peau et sa vie personnelle et se retrouver dans une situation professionnelle critique. La base immergée de l'iceberg va s'en trouver fissurée ; soit alors la fissure se consolide grâce aux stratégies de l'individu, soit elle se transforme en fracture, mettant ainsi la personne en danger de dérive. Pourquoi cette différence ?

Se libérer de ses carcans intérieurs passe par un renoncement à la « toute-puissance » et à nos loyautés inconscientes. Au fur et à mesure de nos changements et évolutions professionnels, nous transformons quelque chose dans notre vie psychique et nos relations avec nos proches. À moins que ce ne soit l'inverse… Quoi qu'il en soit, ces deux domaines interagissent et sont en osmose. Se redécouvrir et s'aimer est souvent la clé qui permet la liberté de choix. Mais abandonner ses peurs, c'est offrir aussi à ses enfants la possibilité d'explorer le monde du travail à leur manière : pour qu'il soit à la fois source de plaisir, de découverte et construction de soi, car il peut être si passionnant !

Pour la première fois, le travail est mis au premier plan de la vie intime et psychique. Certes, il peut détruire, nous en voyons des exemples tous les jours. Mais il peut être aussi le terrain de la résilience, pour une vie stimulante et nouvelle, qui a du sens pour soi.

1.

De la crise au travail à la souffrance personnelle

« Oh ! Combien de marins, combien de capitaines,
Qui sont partis joyeux pour des courses lointaines,
Dans ce morne horizon se sont évanouis ! »

Victor Hugo

La souffrance au travail n'est pas nouvelle : elle a toujours existé. Mais ce qui a profondément changé ces trente dernières années (et qui s'accélère depuis l'arrivée d'Internet), c'est que le travail repose désormais sur des principes gestionnaires (et non plus tant productifs) visant à satisfaire des actionnaires et entraînant des effets psychosociologiques tels que la déshumanisation, l'absence de solidarité et donc la défiance et la solitude des salariés. Tout cela conduit à réveiller les fragilités personnelles, voire à les aggraver. Là où le travail pouvait être source de réparation quand il reposait sur une cohérence à la fois productive et hiérarchique, où les rôles et places étaient clairs et généraient adhésion ou revendications, il est aujourd'hui vécu solitairement. C'est comme si tout s'était délité avec les nouvelles formes de management et surtout l'absence d'humanité engendrée par l'idéologie d'une productivité toujours accrue qui oublie parfois le rôle social du travail.

Milena a fait des études brillantes et est bien préparée au monde de l'entreprise. Ingénieur, elle réalise des études scientifiques pour le compte d'une firme industrielle à l'étranger et utilise beaucoup l'informatique. Mariée, trois enfants, elle aurait pu faire une carrière paisible mais s'investit beaucoup dans le travail, jusqu'au jour où une douleur la lance dans le bras droit. Elle a mal dès qu'elle utilise la souris de son ordinateur. Elle en parle à sa hiérarchie, demande du personnel supplémentaire et souligne qu'ils sont, dans son service, déjà en sous-effectif. Son patron minimise la situation et lui explique l'intérêt pour l'entreprise de continuer ainsi, en recourant aux arguments habituels : rentabilité, concurrence acharnée, nécessité pour la société de conserver la confiance des actionnaires. Encore un effort, cela devrait porter ses fruits. Quelques mois plus tard, la douleur s'aggrave et elle consulte donc le médecin du travail. Ce dernier considère que la situation est sans importance, qu'elle doit continuer à travailler et moins s'écouter : a-t-on jamais vu quelqu'un se plaindre de douleurs au poignet et au bras à cause d'une souris d'ordinateur ?

Le message que lui renvoient donc l'entreprise et la médecine du travail est que le problème vient d'abord d'elle-même. Milena culpabilise (elle qui a toujours été une bonne élève, sérieuse et obéissante, qualités grâce auxquelles elle a réussi) et continue donc à travailler en silence. Cependant, devant l'intensité de la douleur, elle s'interroge sur le fait de continuer ou pas et envisage même de démissionner, pour ne pas « faire porter ses problèmes ». Un jour, se trouvant dans l'impossibilité de cliquer sur sa souris et même de lever le bras, elle fait appel à des médecins privés qui établissent un diagnostic de trouble musculo-squelettique et l'informent de la fréquence accrue de ce type de symptôme chez les personnes utilisant l'informatique ; ils lui conseillent du repos et un changement de poste.

Même avec ces avis médicaux, l'entreprise lui confirme avoir besoin de sa présence et que c'est à elle de trouver comment aménager son travail pour atteindre ses objectifs. Milena se sent de plus en plus oppressée et, en plus de ses douleurs au bras, commence à ressentir des maux d'estomac et des migraines. Devenue irritable à la maison, elle vit douloureusement les reproches de son mari et de ses enfants, et se met à se replier sur elle-même, risquant par là même de renforcer ses difficultés.

Pourquoi un tel aveuglement de la part d'un système qui pousse aujourd'hui les individus à travailler malgré des signes évidents de malaise, allant jusqu'à une réelle dégradation de leur santé ?

On voit, avec cet exemple, que la conjonction d'une économie fondée sur la rationalité et la gestion (représentée par un manager immergé dans cette façon de penser), combinée à la problématique d'une personne brillante, ayant réussi par la volonté (et qui a toujours appris à obéir sans rien dire), peut mener à la crise. Quand un problème de ce type survient, c'est que les limites de l'organisation se juxtaposent à celles de la personne. Les logiques ne se rencontrent plus. C'est une question de survie pour l'un et l'autre, chacun dans sa vision du monde. Ici, la soumission à l'autorité et la culpabilité de ne pas « être à la hauteur » viennent rencontrer l'exigence de performance et de productivité. La peur d'être humilié ou de disparaître est présente chez chacun des acteurs. Comme dans la plupart des entreprises à l'heure actuelle, Milena n'a rencontré aucun soutien ; l'obligation de productivité s'appuyant également sur une compétition interne, elle rend impossible tout épanchement ou élan de compréhension. Au contraire : le dire lui aurait mis encore plus de pression. Elle ne pouvait donc se raccrocher qu'à elle-même. Or, justement, elle se sentait perdre pied…

Autant une faille personnelle peut se cicatriser avec le soutien du collectif, grâce à l'entraide, autant, si elle s'appuie sur du vide, en l'absence de toute forme de solidarité, elle peut s'élargir et laisser place parfois à une béance pouvant mener, dans les cas dramatiques, au suicide.

Il est vain d'axer le débat sur la question « Qui est coupable de l'individu ou de l'organisation ? », car le fait est qu'une organisation sans individus n'existe pas et vice-versa. Les partisans d'une certaine idéologie diront que les difficultés psychologiques liées au travail sont le fait des plus fragiles, reléguant de cette façon les problèmes de ces salariés à un niveau strictement personnel. Ils expliquent que la rentabilité d'une entreprise ne peut malheureusement pas intégrer trop longtemps ce genre d'employés, destinés probablement à l'exclusion. Ceux d'une opinion opposée diront que l'organisation est la seule responsable et l'accuseront de maltraitance, prônant purement et simplement la destruction du modèle économique fondé sur le profit et la compétition.

Aucun de ces arguments ne mène à une action réaliste possible : rester à un niveau de réflexion aussi manichéen n'aboutit à aucun autre résultat qu'un débat idéologique sans solution. Ce qui nous intéresse ici, c'est bien l'interaction des deux parties, dans une perspective systémique, afin de montrer en quoi le travail et l'atmosphère d'une entreprise réactivent chez chacun d'entre nous des réminiscences personnelles qui servent ou bloquent l'action dans une situation professionnelle. C'est là que la dimension individuelle rencontre celle du collectif, et qu'une personne peut se retrouver confrontée à ses propres difficultés.

Pourquoi Milena a-t-elle continué à travailler « comme si de rien n'était », malgré sa souffrance ? Pourquoi son patron (comme le médecin) a-t-il minimisé ses symptômes ? Que se passait-il en réalité chez chacun de ces protagonistes et dans leur interrelation pour que la situation se rigidifie jusqu'à devenir complètement bloquée ? Qu'est-ce qui génère ces handicaps, cette impossibilité de dire et d'être entendu ?

La violence au travail, vécue ou ressentie, se situe prioritairement, aujourd'hui en particulier, au niveau psychologique, captant sans vergogne le moindre signe de faiblesse d'un individu pour le retourner contre lui. Celui-ci se sent alors coupable de ne pas arriver à faire ce qui lui est demandé alors que la situation est de plus en plus intenable, voire incompréhensible, comme le montre l'exemple d'Anna.

Anna, 39 ans, diplômée d'un master ès sciences de l'éducation, quinze ans d'expérience dans la formation professionnelle, dont dix ans comme vacataire dans différents organismes de formation, me raconte cette histoire.

> « J'étais dans l'entreprise depuis quelques mois, en charge d'un projet de formation pour un type de managers clés de notre société. Un de mes collègues devait m'épauler dans cette opération – disons que l'objectif était de me passer le relais pour l'année suivante. Nous devions donc élaborer le contenu de la formation ensemble, la coanimer. Les enjeux étaient importants : ma crédibilité à venir se jouait dans ces quelques jours, sa présence était donc essentielle, car il avait la connaissance de l'entreprise et de cette population que je n'avais pas encore.
> Il a commencé par annuler une à une nos réunions de travail, sous différents prétextes, toujours entre deux portes, pas le temps d'en discuter. Il m'a dit qu'il me reproposerait des dates, il ne l'a pas fait... Puis, j'ai appris incidemment, par une autre personne, qu'il ne pourrait pas être présent le premier jour de la formation ; lorsque je lui en ai parlé, il m'a soutenu que c'était faux ! Ce n'est qu'en insistant, après plusieurs vérifications, que je suis parvenue à le "coincer"... et il a minimisé l'affaire, me promettant qu'il serait là les autres jours... qu'il a annulés les uns après les autres.
> J'ai demandé à ma supérieure hiérarchique – la DRH en plus – d'organiser une réunion de travail pour trouver des solutions concrètes. Elle ne m'a jamais reçue à ce sujet... pas le temps. Il faut dire qu'elle avait même oublié mon jour d'arrivée tellement elle était "débordée", si bien que j'ai été embauchée comme ça, par oubli, après les trois mois d'essai : vous voyez le topo... Un

jour, je l'ai guettée dans le couloir, je lui ai résumé la situation, elle m'a dit en souriant : "Mais tu vas très bien t'en sortir..." Je n'en dormais plus la nuit. Je pense sincèrement que personne n'avait vraiment conscience de ce qui se passait. Il y avait tellement d'autres priorités, chacun était habitué à se débrouiller tout seul, et je commençais à les ennuyer avec mes questions incessantes. Mes collègues me disaient que l'attitude de cet homme ne les étonnait pas : "Il est toujours comme ça, ça fait quinze ans que ça dure et personne ne dit rien car il connaît très bien la boîte, et vu qu'il y a un turnover important de managers, il leur est devenu indispensable..." D'autres me conseillaient, d'un air entendu : "Allez, fonce ! C'est toi qui as peur, il n'y a pas de problème." Mais je savais que certains n'avaient pas apprécié mon arrivée dans le service, et que leur intérêt était que je me plante.
Bref, avais-je le choix ? Y aller en l'état, c'était me décrédibiliser, mais ne pas y aller, c'était la même chose. Mon échec était évident. Pourquoi m'avaient-ils embauchée trois mois plus tôt pour me mettre dans une telle situation ? Je réalisais que, quoi que je fasse, ma réponse était mauvaise. J'ai ressenti une forte angoisse, j'ai passé quelques soirées chez moi à pleurer et à ne plus pouvoir bouger. Je pense que j'avais très peur d'être humiliée – ce qui allait inéluctablement arriver – et redoutais cela plus que tout au monde, moi qui avais tant travaillé pour bien connaître mon boulot !
Quelques mois après cet épisode, qui a été suivi d'autres, je suis partie de cette société, laminée, l'estime de moi au plus bas. Heureusement que j'ai un mari à la maison qui m'aime, une famille, des repères quoi... J'ai mis plusieurs mois à m'en remettre. Maintenant, j'ai monté mon restaurant, j'ai tout changé. »

Ce vécu d'injustice et d'indifférence est le lot de milliers de personnes, au quotidien, dans les entreprises. De nos jours, c'est une violence ordinaire dans la plupart des organisations, banalisée, voire niée. À travers ce court épisode, nous retrouvons à la fois un déni de la réalité (« Tu vas très bien t'en sortir »), l'incompréhension (« Pourquoi m'ont-ils embauchée si c'est pour me conduire à l'échec ? »), l'incapacité à se défendre puisque rien n'est explicitement avoué (nous reviendrons plus loin sur l'impact des « secrets » sur les relations de travail) et que la réunion d'éclaircissement est refusée. L'entreprise requiert plus d'engagement personnel (« Allez, fonce ! »), or celui-ci renforce la vulnérabilité tout comme il est une condition sine qua non pour se faire accepter et reconnaître. Comment s'en sortir ?

Très souvent, après de telles expériences, les personnes n'ont plus envie d'aller travailler. Elles ne peuvent plus se mobiliser, leur énergie est au plus bas. C'est dans cet état de vide, voire d'écœurement, qu'elles s'inscrivent, après l'épreuve du licenciement, sur la liste des demandeurs d'emploi. D'autres tiennent avec diverses drogues, antidépresseurs, alcool, nourriture en abondance, adrénaline grâce à une mobilisation sans faille pour pallier les sous-effectifs, le tout sous-tendu par la culpabilité de ne pas encore en faire assez si les objectifs fixés ne sont pas atteints, etc., autant d'addictions qui leur semblent indispensables pour résister aux pressions multiples et continuer à faire bonne figure.

Comment les aider ? Comment faire retrouver à ces personnes leur vitalité, leur force vive, cette estime d'elles-mêmes qu'elles ont souvent perdue, afin qu'elles puissent se remobiliser et se réaliser dans une vie qui leur plaît, où elles auront de nouveau le choix ? Pour commencer, il faut comprendre les composantes psychiques à l'œuvre dans le monde du travail aujourd'hui.

Vie professionnelle et vie personnelle sont intimement liées

Dire de quelqu'un qu'il sépare son travail de sa vie en général est une conception purement théorique, qui plus est parfaitement fausse. Les frontières psychiques ne font pas la différence entre un environnement et un autre. Si votre patron vous annonce le vendredi à 18 heures qu'il n'est pas content de votre travail et qu'en conséquence il vous convoque dans son bureau le lundi à 9 heures, vous ne passerez pas un bon week-end. Vous penserez forcément à ce rendez-vous: «Pourquoi? Que me veut-il?» Vous vous repasserez mentalement le film des dernières semaines, des derniers mois. Et peut-être deviendrez-vous irritable à la maison, impatient avec vos enfants, émotionnellement absent de la vie de famille. Christophe Dejours[1] l'affirme lui aussi: « [...] il n'y a aucune indépendance possible entre l'ajustement psychologique d'un individu à ses contraintes de travail et l'évolution de la vie et des conflits à l'intérieur de la sphère privée. [...] L'imbrication entre exigences psychiques du travail et économie des relations dans l'espace privé est si serrée et complexe qu'il faut plutôt s'attendre à ce que les tensions psychiques naissant dans le travail aient des effets sur les relations affectives privées.»

Ce qui est «normal», lorsqu'on travaille, c'est de s'appliquer pour faire du «bon» travail. C'est-à-dire reconnu comme tel par les managers, les collègues, et se sentir compétent, à sa place et en cohérence avec son entourage. D'ailleurs, c'est ce que l'on nous enseigne à l'école: «Applique-toi, fais bien ton travail et tu

1. Christophe Dejours et Florence Bègue, *Suicide et travail: que faire?*, Paris, PUF, 2009, p. 31.

verras, tu seras récompensé plus tard. » Quant à l'éducation des enfants, c'est la même chose : « Ne vole pas, ne mens pas, sois poli », etc. Tous ces « marqueurs » éducationnels sont plus ou moins ancrés selon les familles (et plus ou moins applicables selon les contextes) ; un enfant les intègre en copiant, pour partie, ses parents (ce qui peut déjà mener à quelques dissensions entre ce qui est prôné et la réalité, semant la confusion chez un jeune en construction) et il va les intégrer d'autant plus avec cœur s'il est attaché à reproduire avec fidélité ce qu'on lui a appris, gage de bonheur, de facilité pour plus tard.

Mais le monde du travail a évolué. Aujourd'hui, bon nombre d'entreprises n'ont comme ambition que la rentabilité selon des critères gestionnaires et le travail s'est dégradé. La logique est simple : pour dégager une marge suffisante et de ce fait réaliser des bénéfices, une réorganisation des tâches, des missions et des relations doit s'effectuer. La personne n'est plus au premier plan, c'est sa rentabilité qui est regardée. Elle devient ainsi un objet de production et se doit d'assurer ce statut en ayant cette définition d'elle-même sans cesse à l'esprit. Il s'ensuit qu'elle acceptera (ou fera semblant) d'être jugée, évaluée, récompensée en fonction de critères de gestion et de production. Pour le reste, c'est un peu de la chance : un bon manager, un bon dirigeant peut influer sur l'atmosphère d'une organisation.

« Je travaillais dans une société qui vend des services aux automobilistes, raconte Daniel, 45 ans. On nous demandait chaque année d'être de plus en plus performant, à tel point qu'on s'est retrouvés à un moment dans l'incapacité de faire notre boulot sans faire d'heures supplémentaires, pour atteindre les objectifs. La direction refusait d'embaucher, mais pour nous, les affaires marchaient bien, alors on avait de plus en plus de clients. Au début on était contents, on s'est donnés à fond, on a

joué le jeu, on ne comptait pas notre temps au boulot. Un jour, grande réunion avec le patron. Il a déclaré que nous n'étions pas les seuls à marcher mieux : toutes les boutiques avaient plus de clients. Je me le rappellerai toujours : le patron nous a engueulés, il a décrété qu'on était mal organisés, et que la preuve en était qu'on faisait des heures sup ! On est restés muets. Ensuite, il s'est lancé dans un speech, affirmant qu'on était capables de mieux planifier nos horaires, qu'il comptait sur nous. Nous, on était contents de notre boulot, mais lui nous a fait comprendre que ça ne valait rien, parce qu'on était mal organisés ! Il disait que les actionnaires n'accepteraient jamais que les salaires grèvent les marges bénéficiaires. Bref : oui pour enrichir les actionnaires, non pour notre reconnaissance et notre travail.
Personne n'a rien dit, on était tous abasourdis. Moi, ça m'a cassé, mais je sais qu'il y en a d'autres qui ne comprenaient pas ce qui se passait et qui ont accepté de se faire auditer pour réagencer le travail au sein des équipes. Certains se sont fait virer, alors qu'on avait tout donné pour notre boîte ! Moi, à partir de ce jour, j'ai été écœuré, j'ai cherché ailleurs, un truc indépendant, et je suis devenu chauffeur de taxi : pour ça, j'ai vendu tout ce que j'avais. Ma femme était d'accord, elle voyait bien que je n'en pouvais plus. Je lui ai dit : "Après, ce sera ton tour." »

La disqualification des personnes existe dans nombre de sociétés, grandes ou moyennes, parce que ce sont les actionnaires et les obligations de résultat qui font la loi au détriment du reste. Ainsi, un salarié sera récompensé parce qu'il aura servi l'entreprise selon les diktats de l'organisation gestionnaire et non parce qu'il aura rendu service à son client. De même, Daniel est confronté à une absence de repères lui permettant de savoir s'il a bien ou mal agi : doit-il se réjouir d'avoir dépassé ses objectifs ou s'attrister parce qu'il n'a pas su s'organiser pour rentabiliser son action ?

Plusieurs chercheurs ont étudié ce type de message,

appelé aujourd'hui « communication paradoxale » : sa caractéristique est qu'il contient en lui-même sa propre contradiction. Ce qui est propre à cet énoncé, c'est que malgré une apparente consistance de contenu, qui semble suivre les règles de la logique, il aboutit à une conclusion absurde. Dans le cas de Daniel, cela revient à quelque chose comme : « Je travaille mal si je travaille bien. » En effet, s'il est amené à faire des heures supplémentaires (ce qui implique qu'il a atteint ses objectifs), c'est qu'il s'est « mal organisé ». La caractéristique d'un paradoxe, c'est qu'il n'y a aucune issue et qu'il est difficile à déceler[1]. Son principal effet est la paralysie de l'action et même de la pensée. Ce genre d'impasse peut générer du désespoir chez des personnes fortement impliquées et dont l'histoire personnelle rend le recul difficile face à de telles injonctions. Ce sentiment noir peut se muer en dépression parce que la personne ne voit pas comment sortir d'une telle absurdité.

Tiphaine parle elle aussi des contradictions qu'elle ressent quotidiennement dans son travail et qu'elle vit mal.

> « Moi ça me rendait malade lorsque je devais renseigner quelqu'un sur ses droits au chômage, parce que j'avais un temps limité et qu'un superviseur me surveillait sur son écran. Si le demandeur d'emploi ne comprenait pas, j'avais deux solutions : faire en sorte de rester sur mon temps imparti et lui faire signer des choses que, visiblement, il ne comprenait pas ; ou prendre du temps avec lui et, du coup, je me faisais taper sur les doigts le soir – pourquoi j'étais restée plus longtemps, et ceci, et cela... J'étais complètement dépossédée de ce que je faisais. Je suis tombée en dépression, je me sentais nulle, incapable de réussir quoi que ce soit. »

1. Voir à ce sujet les nombreux ouvrages de Gregory Bateson, Paul Watzlawick et des chercheurs de l'école de Palo Alto.

Le sentiment d'incompétence et d'imposture est à l'origine d'un repli et d'une baisse de l'estime de soi. Ce qui se joue est au cœur de soi-même : on accomplit correctement un travail et on a besoin que celui-ci soit reconnu par les autres (par son manager en particulier) comme étant un travail de qualité, car pour se sentir impliqué et mobilisé, il est nécessaire de s'approprier son action.

Tiphaine réalise un travail où il est question de solidarité (parce qu'elle peut s'identifier aux personnes qu'elle reçoit) et d'indemnités journalières (elle peut avoir une action concrète sur le quotidien de ces gens). Pour bien faire ce qu'on lui demande dans son travail, elle est obligée de le déshumaniser, de considérer le « public » qu'elle reçoit comme des numéros : c'est à cette condition qu'elle peut être rentable et (espérer) répondre aux souhaits de son manager et de son organisation. Or, si elle agit ainsi, elle renie une partie d'elle-même, celle qui est humaine et sensible, et qu'elle ne peut ignorer. Tiphaine se retrouve ainsi dans une double contrainte : quoi qu'elle fasse, elle ne pourra être contente de son travail. Une double contrainte est une communication paradoxale de type particulier, longuement étudiée par Gregory Bateson[1]. La personne prise dans une position ambivalente de cette sorte ne peut notamment pas « métacommuniquer », c'est-à-dire « communiquer sur la communication », et elle ne peut donc penser et encore moins verbaliser ce qui l'angoisse.

Si Tiphaine obéit aux lois de l'organisation, elle se sentira coupable et agira sans doute contre ses valeurs de solidarité et d'humanité ; à l'inverse, si elle n'obéit pas à ces contraintes, elle sera en dissonance avec ses collègues, son patron et se sentira exclue. La jeune

1. Gregory Bateson, *Pour une écologie de l'esprit*, Paris, Le Seuil, 1980.

femme n'a alors d'autre issue que d'« oublier » son empathie et de justifier son action par des mots très durs envers les gens qu'elle reçoit : « Ils veulent toujours plus », « Ils passent leur temps à me raconter leur vie, qu'est-ce que j'en ai à faire ? », « Moi, je ne me fais pas avoir par leurs manipulations, je connais bien mon boulot ! » Cultiver la méfiance, se défendre par l'agressivité et justifier son attitude deviennent des stratégies de survie psychique au travail : c'est à ce prix qu'un sujet en situation de double contrainte peut obtenir de la reconnaissance, au moins en se sentant semblable à ses collègues. C'est aussi grâce à cela qu'il se sent « valable » : il n'est plus seul à agir et à penser comme il le fait. Une compétition entre collègues peut même s'instaurer, pour peu que l'organisation place la rapidité d'exécution comme une condition de prime individuelle ou d'équipe. Et si Tiphaine peut s'avouer que le traitement est un peu trop rapide au regard des situations de détresse que vivent les gens qu'elle reçoit, elle le justifie au bout d'un moment par les « obligations de résultat », c'est-à-dire en s'appropriant la politique et la logique gestionnaires qui sous-tendent le système.

À force de renier ses émotions, d'ignorer ce que ses valeurs, son corps lui disent, Tiphaine ronge chaque jour un peu plus son estime d'elle-même. Insidieusement, la mélancolie s'installe, et avec elle l'agressivité : c'est alors la dépression qui guette. Pour continuer à travailler malgré les tensions intérieures, elle va « faire plus » et refuser de « s'écouter » ; au bout d'un moment, son sommeil sera affecté, la fatigue chronique aura raison de sa résistance et, au final, la situation se soldera par un arrêt maladie. Tiphaine le vivra à la fois avec honte et soulagement : honte car se faire arrêter c'est « mal » (c'est un aveu de faiblesse, une preuve que les stratégies ne fonctionnent pas bien, ou en tout cas moins bien que les autres qui « tiennent le coup ») et soulagement car la tension, hors du travail, diminue.

C'est parfois l'occasion de reprendre pied en famille, de s'apercevoir que l'on est important pour les siens.

La banalisation des mensonges et leur impact

Les mensonges quotidiens (à soi et aux autres) sont autant de stratégies individuelles pour « tenir bon » dans un système malade. Ainsi, il arrive souvent, dans une entreprise ou un service, que quelqu'un raconte un « secret » à plusieurs personnes et leur fait croire qu'elles seules sont au courant. En agissant ainsi, la première personne cherche à élargir son pouvoir : elle détient des informations connues d'elle seule qu'elle consent à partager, ce qui lui confère un ascendant sur les autres. Mais nous pouvons pousser plus loin l'analyse en étudiant l'impact d'une telle communication sur les rapports des « receveurs » du secret entre eux. En agissant ainsi, la première personne fait en sorte de lier rigidement ses confidents à elle-même et d'exclure tous les autres : elle crée des frontières artificielles et la suspicion qui en résulte pourrit petit à petit les relations. Et lorsqu'on est informé d'un secret et qu'on ne sait pas qui d'autre est au courant, ces frontières rigides empêchent de résoudre les problèmes et diminuent l'intérêt que les gens se portent mutuellement.

Cela est souvent le cas pour les « secrets de polichinelle » dans les entreprises où privé et professionnel se mélangent, comme par exemple lorsque des collègues, mariés par ailleurs, entretiennent une relation extraconjugale sur leur lieu de travail. Cela peut être tout à fait fortuit et déboucher sur un changement de vie après officialisation de la relation, tout comme cela peut être une façon de vivre, entraîner injustices et traitements de faveur qui scléroseront alors tout un service, voire une entreprise. De ce fait, tout le monde sait ce qu'il n'est pas censé savoir et fait semblant de tout ignorer. Et dans une société où l'humain importe moins que son rendement, où l'individualisme est une condition de survie, il vaut généralement mieux continuer à faire semblant plutôt que dénoncer ce qui conduira presque inévitablement à une rupture du contrat de travail. Lorsque c'est le patron ou le manager qui agit ainsi, que penser du sens des évaluations, des augmentations, des primes, de la protection de son poste ?

Ajoutons que, de la même façon, vivre dans une famille où un secret est maintenu (ce qui est fréquent) empêche d'apprendre à utiliser toutes ses capacités pour résoudre des problèmes : certains comportements, comme l'écoute de ses intuitions ou la verbalisation de ses ressentis, menacent le secret, ils le mettent en péril. Ce sont ces mêmes freins qui peuvent être à l'œuvre chez une personne qui subit, en entreprise, la pression exercée par des secrets à taire. Certaines problématiques vécues au travail peuvent en cela littéralement « plomber » la créativité et la motivation, ainsi que la capacité à se développer.

En outre, le contenu de certains secrets touche au cœur de la vie d'autres personnes. C'est le cas, par exemple, lorsqu'une décision de délocalisation entraînant la fermeture d'un site est occultée jusqu'au jour des événements ! Ce type de secret touche à l'autonomie des employés, et c'est en ce sens qu'il vient cogner à la porte de l'estime de soi et de l'identité personnelle. Lorsqu'on ne communique pas ces informations aux gens dont l'existence s'en verra affectée, cela revient, pour le « comploteur », à s'attribuer avec arrogance une toute-puissance, un pouvoir illimité sur les autres. La colère des salariés est immense lorsqu'ils apprennent la supercherie, nous en voyons chaque jour les effets à la télévision. Intégrer les informations

« secrètes » dans la relation à autrui participe à le rendre acteur et autonome : nul n'apprend cela dans les écoles de management, alors que c'est par l'écoute sensible et le respect d'autrui que les relations se fluidifient et deviennent intelligentes, sources de gratitude et d'expansion de soi. Mais il s'agit d'un exercice difficile et qui demande une volonté de dépassement quotidien que beaucoup ont appris à ignorer, parfois dans leur propre famille et surtout à l'école. Pour faire un pas vers la vérité envers soi et les autres, il est essentiel de se poser deux questions : « Quels sont les effets de ce secret sur ma relation avec Untel (qui peut être une personne, un service, une entreprise, etc.) ? », « En quoi notre relation changerait-elle si je devais révéler ce secret ? »[1]. Souvent, on croit qu'un secret vise à protéger une relation ou un individu, quand l'intention véritable est de se protéger soi-même.

Une chanson américaine a pour refrain : *« Should I stay or should I go ? »* ; on pourrait dire que c'est exactement le dilemme de ces milliers de personnes qui travaillent dans un contexte de plus en plus absurde, où pour « tenir » il faut à la fois renier ses valeurs et faire bonne figure. En refoulant le tout pour que cela devienne une seconde nature.

C'est ainsi que se signent l'altération progressive de l'estime de soi et le sentiment de perte d'identité. Et dans la mesure où « c'est pour tout le monde pareil », ce phénomène passe inaperçu, ou du moins est-il banalisé.

1. Pour ces questions de secret, je me suis inspirée de l'excellent livre d'Evan IMBER-BLACK, *Le Poids des secrets de famille*, Paris, J'ai lu, 1998.

Travail sans issue

Le sentiment d'accomplissement que l'on ressent lorsqu'on fait bien son travail est lié à celui de l'identité. Edmond Marc, psychologue et chercheur, l'exprime ainsi : « Le sentiment d'identité est constamment affecté par les situations de l'existence, les rôles et les places assumés, les relations avec autrui, les événements extérieurs... Une rencontre, un deuil, un divorce, une perte d'emploi, une maladie peuvent avoir des répercussions considérables sur l'image de soi et le sentiment d'identité[1]. » Chaque fois qu'un événement survient dans notre vie, celui-ci vient heurter notre sentiment d'intégrité. Si nous réussissons à le « digérer », autrement dit à l'intégrer, nous développons et renforçons notre sentiment d'unicité intérieure. L'identité est la recherche de ce sentiment d'unicité. Si au contraire une personne doit se comporter à l'encontre de ses valeurs ou de son éducation, elle trouvera certes, comme Tiphaine, des supports psychiques pour « tenir », mais verra son estime d'elle-même s'amenuiser petit à petit et une impression d'éclatement, de morcellement, grandir en elle. Finalement, la dépression ou une fatigue chronique due au stress croissant s'installe et la personne ne comprend plus, « après tout ce qu'elle a donné », comment elle en est arrivée là.

Il est important de comprendre que ce travail de construction de soi, ainsi que l'écrivent Edmond Marc et Dominique Picard[2], se fait chaque jour à travers ce qu'on lit dans le regard des autres et aussi (c'est l'objet de ce livre), ce que l'on fait de cette lecture. L'identité

1. Edmond Marc, *Psychologie de l'identité*, Paris, Dunod, 2005, p. 4.
2. Edmond Marc, Dominique Picard, *Petit Traité des conflits ordinaires*, Paris, Le Seuil, 2006.

est l'armature de la santé mentale[1], la reconnaissance en est le pilier : qu'on la donne ou qu'on la retire, ce sont tous les repères intérieurs qui en sont affectés, y compris les valeurs, l'interprétation de ses comportements, etc., pour au final toucher l'amour de soi.

Ainsi, lorsque Daniel raconte son expérience dans son entreprise de services automobiles, il nous parle de l'absurdité de la situation et de la difficulté à gérer celle-ci sans être obligé de raboter son identité. En effet, il doit choisir entre ses propres valeurs, celles qui donnent du sens à ses actions quotidiennes au travail (rendre service à un client, faire correctement son travail ainsi que l'exige son patron, notamment augmenter le chiffre d'affaires de l'agence, la satisfaction des clients...) et celles de la nouvelle politique gestionnaire (faire un travail qui n'est pas toujours en conformité avec des critères professionnels, voire mentir à ses collaborateurs pour leur vendre une idée qu'il sait pertinemment être en décalage avec la réalité du travail quotidien, houspiller ce collègue qui passe trop de temps avec tel client et qui ralentit l'atelier par « excès de zèle », etc.). Quoi qu'il choisisse, il ne sera pas satisfait : ou le manager lui fera des reproches, ou il s'en fera lui-même. Nous avons précédemment nommé cette situation une « double contrainte ».

Dans tous les cas, le sujet entame progressivement l'estime qu'il se porte. Nombre de personnes arrivent aujourd'hui en consultation épuisées, surstressées, soit parce qu'elles sont en totale contradiction avec leurs apprentissages et valeurs et vivent un morcellement personnel insupportable, soit parce que leur travail a pris toute la place, servant inconsciemment de palliatif à un vide intérieur qu'elles ne veulent ou ne peuvent combler.

1. Christophe DEJOURS et Florence BÈGUE, *Suicide et travail : que faire ?*, *op. cit.*

L'organisation gestionnaire utilise précisément cette faiblesse en ponctionnant l'énergie, la créativité et en faisant miroiter la reconnaissance tant espérée[1]. Dejours insiste sur le fait que le risque de suicide au travail est d'autant plus élevé que l'individu s'y implique : alors, s'il est sanctionné parce que l'environnement professionnel a durci (« Oui, vous avez augmenté le chiffre d'affaires et la satisfaction des clients, mais à quel prix ! Vous faites trop d'heures supplémentaires »), les conséquences sur son sentiment d'identité peuvent être dramatiques. Lorsqu'ils n'ont pas les moyens de verbaliser leurs impressions, ces salariés se retrouvent coincés à l'intérieur d'eux-mêmes et en viennent à se donner la mort. Nous sommes alors au comble de l'absurdité, de l'incompréhension, de l'inhumanité.

La communication est en effet une composante essentielle dans la construction de l'identité : c'est au travers de l'image qui nous est renvoyée de nous-mêmes que nous percevons qui nous sommes. Cette façade que nous offrons au monde vise à protéger notre « moi » profond : lorsque nous nous écroulons psychologiquement, c'est comme si cette protection qui nous rendait forts aux yeux des autres se brisait, et nous voilà connus et reconnus comme vulnérables. Or, nous avons vu avec l'exemple des situations de « double contrainte » combien la communication dans l'entreprise peut être fausse et source de confusion et d'inaction. On comprend ainsi dans quelle mesure les messages de nature ambivalente mettent notre individualité à l'épreuve.

Les « enjeux identitaires », à l'œuvre chez tout un chacun, sont d'autant plus mobilisés au travail que c'est la sphère professionnelle qui nous confère notre place sociale. Ainsi s'expliquent bien des difficultés

1. Voir à ce sujet Vincent de Gaulejac, *Le Coût de l'excellence*, Paris, Le Seuil, 1991.

ressenties aujourd'hui par les salariés dans leur entreprise. Ne pas se sentir exister en tant que personne peut entraîner de douloureuses répercussions sur l'identité.

Être à la fois unique et semblable aux autres

Savez-vous que l'on préfère recevoir des critiques que ne pas en recevoir du tout ? Parce que au moins, quand on est critiqué, on existe. C'est en tout cas ce que vous lirez dans tous les manuels de management. Est-ce toujours vrai ? Absolument pas, car si ces critiques sont absurdes, comme celles adressées à Daniel et à ses collègues, elles ne sont pas reçues comme un blâme que l'on peut surmonter en « faisant un effort » : elles remettent en cause le fait même d'exister, c'est-à-dire de penser, d'être un individu à part entière doté d'un libre arbitre et d'un savoir-faire.

Pour se sentir exister à part entière, on a en effet besoin à la fois d'être considéré dans sa singularité et de se sentir intégré à un groupe, que ce soit une équipe, une entreprise, une famille ou un clan. C'est fondamental. Par exemple, être le meilleur commercial de l'entreprise relève de ces deux axes : on est à la fois intégré à l'entreprise et on est unique puisqu'on est le meilleur.

Aujourd'hui, l'entreprise laisse entrevoir cette illusion en favorisant une compétition entre les individus qui n'est pas toujours bien gérée, par le biais notamment des entretiens de performance. Dejours en a largement décrit les aspects pervers : l'efficacité étant évaluée selon des critères gestionnaires, les liens entre employés s'en trouvent raidis. Et nous avons vu avec Tiphaine que le type de compétition qui est encouragé sert l'entreprise au détriment d'autres valeurs comme le contact et la solidarité. Ainsi, le sentiment de solitude en entreprise se répand, chacun subissant une pression croissante qu'il est souvent seul à gérer.

L'entraide disparaissant au profit d'une attitude « chacun pour soi », certains, plus fragiles, ne trouvent plus d'issue pour s'en sortir et mettent fin à leurs jours ou sombrent dans une mélancolie chronique.

Contrôler

Il est nécessaire de disposer d'une « marge de liberté » minimale pour garder la face et pouvoir se mettre en valeur. Une personne aura tendance à magnifier telle victoire auprès de son patron ou de ses collègues, qui fera partie de sa « légende personnelle ». C'est ainsi qu'elle se valorise aussi vis-à-vis d'elle-même et surmonte ses échecs. Nous fonctionnons tous de cette façon et, avec le temps notamment, nous édulcorons les faits pour les rendre bien meilleurs qu'ils ne le sont réellement.

Si le système actuel de l'entreprise amène à être observé, écouté, recadré sans arrêt, comme c'est le cas des personnes en centre d'appel par exemple, sans possibilité de « s'échapper », le sentiment de contrôler son existence s'amenuise petit à petit et, à terme, lamine le sentiment d'identité. La vie semble alors absurde et dénuée de sens.

Pour Marc et Picard, c'est parce que le travail représente de moins en moins l'occasion de s'affirmer et de se sentir exister que les réseaux sociaux favorisant une valorisation de soi connaissent aujourd'hui un développement exponentiel. L'essor de Facebook par exemple montre bien à quel point ce besoin de reconnaissance par ses pairs est primordial pour trouver sa place parmi ses semblables.

Le travail est donc un espace où sont réactivées des « habitudes psychiques », c'est-à-dire des comportements que nous avons appris durant notre enfance, en particulier au sein du cercle familial, et qui nous aident à contrôler notre environnement. Mieux se connaître et pouvoir verbaliser son histoire, donner du sens à ce qui lui arrive peut aider une personne à mieux penser sa situation, à la comprendre avec un regard plus juste. Loin de banaliser ce que les gens vivent quotidiennement au travail, ce livre cherche au contraire à montrer le chemin qui conduit vers une autre lecture de sa trajectoire personnelle, pour reconquérir une estime de soi et cultiver, de nouveau, l'espérance et l'envie d'avancer.

2.

Comment fait-on ses choix d'orientation ?

« Apprendre à se connaître est très difficile… et un très grand plaisir en même temps. »

Aristote

On se croit libre, rien n'est plus faux. Un enfant vit dans une famille, un environnement qui a ses normes, ses valeurs, sa culture. Cet enfant a des amis, plus ou moins proches, plus ou moins semblables, qu'il admire ou renie. Il a ses rêves, ses déceptions, ses aspirations, ses handicaps. Lui-même est autant source d'espoirs que cible de tentatives de contrôle (qui parfois réussissent), cheminant entre pièges et mains tendues.

Lorsque nous sommes petits, notre représentation du monde est d'abord forgée par nos parents au sens large. Nous regardons le monde à la lumière du prisme familial. Mais lorsqu'on présente sa vie professionnelle, l'habitude veut qu'on la raconte sous forme linéaire, de façon unidimensionnelle, sans se référer à l'influence de son environnement familial, de son histoire. Or, dès lors que nous croisons le thème des choix professionnels à celui du système familial, nous découvrons un tout autre visage à ce parcours : et si le choix était une « résultante » et non un préalable à la vie professionnelle ?

En effet, nous croyons souvent que choisir une orientation est un « départ » vers un métier, un secteur d'activité, un environnement humain... car nous envisageons la vie de manière compartimentée : d'un côté la vie personnelle, d'un autre le monde professionnel. Non seulement cette séparation est théorique, mais en plus elle est totalement illusoire ! C'est elle qui nous fait croire que nous pouvons « recommencer à zéro » sans nous préoccuper de ce qui a façonné notre identité. En réalité, faire un choix professionnel est la suite logique d'un parcours individuel, fondé principalement sur des interactions familiales. Qu'est-ce qui nous fait croire qu'à 18 ans nous en serions soudainement allégés ? Et même plus tard, notamment lors de la fameuse « crise de la quarantaine » ? Si nous n'y prenons pas garde, nous risquons de répéter inconsciemment nos propres échecs.

Chaque expérience de vie est l'occasion de se forger son scénario professionnel, unique, spécifique, de perpétuer le « film familial » à sa manière. La vie professionnelle, c'est ce que chacun d'entre nous « donne à voir » : décodons ce qui s'y passe et nous comprendrons comment le cadre de référence dans lequel nous avons grandi a conditionné notre absence d'ouverture et généré notre complexe à rompre avec ce schéma.

Une situation que nous vivons intensément, une émotion forte, et c'est un souvenir, une impression, une sensation qui se crée, se fixe, et nous oriente ensuite à notre insu. « Pourquoi ai-je été tant touché(e) par telle odeur, enfant, que je m'en souvienne encore ? », « Pourquoi telle situation m'a tant marqué(e) ? », « Pourquoi le piano, le dessin ou les mathématiques me semblent, d'un coup, essentiels à ma vie, à mon quotidien ? », « Pourquoi une petite phrase d'un professeur de français va me marquer à vie, alors que les autres ne l'ont même pas entendue ? »

Nul doute, la réponse se trouve dans nos vies d'enfant, d'adolescent, dans notre façon d'appréhender le monde, de nous l'approprier, de le vivre, le ressentir, et dans notre désir de maîtrise, de dépassement, qui s'impose un jour à nous et ne nous quitte jamais.

Mais alors, pourquoi certains n'y ont-ils pas accès ? Pourquoi ne trouvent-ils pas ce qu'ils aimeraient faire ? Pourquoi semblent-ils à ce point « autistes » quant à leurs désirs d'investissement au travail ?

La réponse n'est certainement pas dans ce qu'ils veulent bien nous en dire. Elle est dans les peurs les plus enfouies, les interdictions de sentir, les injonctions d'obéir à certaines voies... jugées plus acceptables pour l'entourage peut-être, mais surtout moins polémiques. Le désir n'a qu'à bien se tenir : enterré, on n'en parle plus. Mais voilà qu'il peut ressortir à l'occasion d'une « crise de milieu de vie », d'un événement important. Et là, que se passe-t-il ?

Souvent se pose la question de nos choix passés : « Pourquoi me suis-je marié(e) avec Un(e)tel(le) ? Comment l'ai-je choisi(e) ? », « Pourquoi et comment ai-je fait mes choix d'orientation ? Mes choix professionnels ? »

Généralement, lorsque je pose la question aux personnes qui viennent me voir, celles-ci me répondent : « Un choix ? Vous croyez que j'ai choisi ? Ce serait trop beau ! Non, je n'ai pas l'impression d'avoir choisi... J'ai fait cela par défaut, parce que cela me semblait être la seule chose à faire. De façon un peu automatique, j'ai obéi à une logique qui me semblait raisonnable, normale... » ou bien : « J'ai été influencée par mes copains-copines, les circonstances. On ne peut pas vraiment parler de choix. Ensuite, j'ai changé d'entreprise, au gré de la conjoncture économique. Bref, j'ai fait comme tout le monde : je me suis adaptée. » À l'inverse, certaines personnes affirment qu'elles ont choisi : « Mes parents ne m'ont pas influencé du tout, ils m'ont dit : "Tu es libre, tu fais tes choix, je suis d'accord pour tout ce que tu voudras" », mais constatent le même malaise, le même inconfort.

La plupart du temps, on se réfère aux circonstances extérieures pour ne pas remettre en question la dynamique familiale – tellement imprimée en nous qu'on n'y pense presque jamais, d'ailleurs. Et, du reste, en quoi la famille influe-t-elle sur nos décisions, si ce n'est par des conseils que l'on suit ou que l'on récuse ?

Le choix d'un métier sert souvent à maintenir une filiation, qu'il en soit le prolongement ou qu'il se situe à l'opposé. Intégrer son histoire, se l'approprier, au lieu de la nier ou la rejeter, est un gage de liberté pour être véritablement acteur de son orientation professionnelle.

Cette réflexion peut être menée à partir d'un ou plusieurs accès : le métier en lui-même, l'environnement professionnel (humain ou physique), l'allure de la trajectoire professionnelle, le rapport à l'argent, à la hiérarchie, aux collègues... Bref, autant de portes d'entrée possibles pour comprendre une carrière.

Être attentif aux répétitions (dans sa propre trajectoire mais aussi dans celles des membres de sa famille) permet d'élargir son champ de conscience et de donner un sens à ses choix professionnels, pour mieux les apprécier ou se réorienter.

> Dans la famille de Francis, on se marie pour la vie : soit à sa patrie (engagement dans l'armée), soit à Dieu (prêtrise), soit à une femme (et on a au moins quatre enfants).
> Chez Catherine, surveillante dans un hôpital, on brigue les postes hiérarchiques : « Dans ma famille, nous faisons tous un métier différent : mon père était chef d'entreprise, ma mère directrice d'école, mon frère est responsable d'un hypermarché, ma sœur est directrice de la communication... Notre point commun, c'est qu'on est tous “responsables” de quelque chose : on aime diriger, manager, contrôler. »

Les fondements de nos choix se trouvent dans notre volonté de réhabiliter, rééquilibrer, faire renaître, comprendre... Le travail est une belle occasion pour reproduire un schéma psychique familial ou au contraire innover, en proposant de nouvelles réponses. Toutes ces interrogations émergent le plus souvent lorsque notre travail ne nous satisfait plus. La vie de famille est alors revisitée, explorée, pour tenter de saisir l'indicible. Le chemin n'est pas toujours réalisable seul. Souvent touffu, broussailleux, il est indéfrichable et l'on s'y repère difficilement au début. Puis, tel le Petit Poucet, en suivant ici et là quelques indices, on finit par comprendre ses mystères, résoudre ses énigmes et retrouver du plaisir à s'y aventurer : on se retrouve enfin, avec soi.

Besoin de se différencier

Le thérapeute familial Salvador Minuchin a étudié les familles sous l'angle de la « structure familiale », ses sous-systèmes et ses contrats tacites.

Les frontières

Appliqué à l'orientation, ce modèle donne trois directions pour réfléchir à l'impact de la famille sur la façon de voir le travail :

– Les frontières intrafamiliales sont-elles rigides (comme lorsque l'aîné reprend obligatoirement l'entreprise familiale sans négociation possible) ?

Le cas d'Henri illustre bien cette question des frontières rigides. Il n'a en effet pas eu le choix : il sera professeur, comme Georges, son père, et comme l'était également Lucien, son grand-père... Les aînés exercent tous cette profession : leur « signature familiale », en quelque sorte.

– Les frontières sont-elles perméables et souples (le dialogue est alors possible) ou diffuses, fusionnelles (« le tout est dans le tout » et tout est mélangé) ? L'exemple de Georgette montre les incidences de l'absence de frontières claires (ce qui amène à la fusion et l'indifférenciation quant aux rôles et places des uns et des autres) dans le cas d'une entreprise familiale.

Georgette a repris le magasin de sport de ses parents. Elle a tous les pouvoirs, mais c'est quand même le père qui prend les décisions, Georgette se contente de signer. Elle s'en plaint parfois à sa mère, qui, malade, ne travaille plus mais continue à gérer le personnel (paye, entretiens d'embauche...). Celui-ci est perdu et ne sait plus très bien à qui s'adresser lorsque des désaccords surviennent entre un chef de rayon et son équipe. Georgette elle-même se sent de plus en plus « muselée » et « instrumentalisée » : qui est-elle, dans ce magasin, si ce n'est un « tâcheron » (pour reprendre son expression) ? Le père, conscient du désordre, parle d'intégrer le jeune frère de Georgette, au chômage, au poste de directeur financier. Georgette appréhende de dire ce qu'elle en pense, car elle aime beaucoup son frère mais se sent coincée dans les incohérences et contradictions familiales.

– Que peut-on déduire du type de frontières qui distingue le système de l'extérieur ? Est-ce « chacun pour soi » (famille centripète, où les frontières sont non perméables et où rien de ce qui vient de l'extérieur n'est crédible et entendu) ou, au contraire, les limites sont-elles diffuses (famille centrifuge, où les frontières sont si perméables que les rôles parentaux peuvent disparaître au profit d'un cousin ou d'un voisin plus âgé) ?

Les contrats tacites

Ils parlent également des relations familiales : c'est ce que chacun est tenu de faire ou de ne pas faire pour maintenir l'équilibre familial. Le contrat tacite peut expliquer, par exemple, pourquoi dans certaines familles il y a une interdiction *implicite* (puisque le contrat est *tacite*) d'obtenir un diplôme plus élevé que celui du père ou de la mère, c'est-à-dire une interdiction de se différencier, et ce afin de maintenir une hiérarchie sans laquelle tout le système serait bouleversé et risquerait d'éclater.

Les travaux du psychiatre Murray Bowen ont montré combien les difficultés viennent d'une confusion des rôles et des places entre les membres d'une même famille, liée à une forme de « fusion émotive ».

Selon Bowen, la « différenciation du soi » est un processus de croissance personnelle, qui vise à sortir des relations fusionnelles présentes surtout lorsqu'il y angoisse ou que la cohésion du système, sur une ou plusieurs générations, est menacée d'éclatement. Cette fusion peut permettre à certains membres de rester « collés » affectivement, de se sentir « un ». Elle se transmet d'une génération à une autre, jusqu'à un symptôme grave comme une maladie mentale socialement invalidante, où la fusion entre des membres de la famille (parents-enfants) est à son comble. C'est le risque encouru lorsque aucune prise de conscience n'a eu lieu : un individu, une génération, à un moment, va payer cette méconnaissance.

Pour Bowen, le travail de différenciation permet de se positionner sans attendre le soutien de l'autre, sans réagir émotionnellement à ses critiques, ce qui rend possible l'orientation vers un but clair.

Michel aurait bien aimé être footballeur, mais malgré la demande de ses entraîneurs, son père Alfred n'a jamais accepté et il a dû se conformer au désir paternel en faisant l'école d'ingénieurs qu'Alfred, autodidacte, n'avait jamais pu espérer pour lui-même, en raison du faible niveau social et culturel de ses parents (et de la guerre). Père à son tour, Michel n'a de cesse de pousser Serge, son fils, à jouer et à gagner au tennis, jusqu'à ce que ce dernier, sur le point de laisser tomber ses études pour s'entraîner en équipe de France, claque finalement la porte et poursuive son doctorat en pharmacie.

Ce faisant, Serge pose bien une limite à son père et se positionne comme étant son fils, donc différent, et non comme Michel souhaiterait qu'il soit (un double de lui-même), c'est-à-dire semblable. Serge, selon la théorie de Bowen s'est « différencié » de Michel. Ce « marquage » générationnel a probablement sauvé les enfants de Serge des pressions inconscientes et invisibles de sauver leur père et de payer sa dette... La confusion des rôles et des places dans la famille a souvent un effet néfaste sur l'identité psychosociale, ce qui se reflète ensuite au niveau professionnel. Serge, par son acte, a choisi, et du même coup il a donné la permission à ses enfants de choisir... en s'opposant et en se positionnant simplement comme des adultes face à leur père.

Au début, Michel n'a pas compris, a perçu son fils comme un « ingrat » et n'a pas accepté son choix. Mais avec le temps, voyant que son fils avait « grandi » et qu'il s'était éloigné de lui pour faire sa vie, il a lâché prise. À présent, ils peuvent en parler calmement, et même avec humour...

Sur un génogramme professionnel (qui est un arbre généalogique simplifié, indiquant les professions des différents membres qui le constituent), il est possible d'entourer ceux qui font le même métier, ont le même niveau d'études, et de s'interroger sur leurs rapports aux autres membres de la famille : quel type de sous-système forment-ils ? Voit-on des différences de « destinée » professionnelle entre les hommes et les femmes ? Entre ceux nés en France et les autres ? Entre aînés et cadets ?

Magali prend la même direction professionnelle que sa mère, sa tante, sa grand-mère : aide-soignante ou professeur des écoles. Les hommes de la famille, eux, exercent tous un métier technique.

Quitter la fusion génère de l'angoisse. La personne qui se singularise est perçue comme un traître, mettant en péril l'unité et la cohésion de la famille : ce qu'elle apporte est du non-sens. Comme nous allons le voir, c'est un mécanisme inconscient.

À 43 ans, Delphine est directrice commerciale dans une grosse scierie industrielle. Issue d'une fratrie de six sœurs dont elle est l'aînée, elle vient me voir après vingt ans d'une vie professionnelle de « quinze heures par jour, tous les jours de la semaine », sans interruption. Enfin presque : il y a deux ans, suite à une « fatigue chronique », Delphine a été mise sous antidépresseurs et a considérablement ralenti son rythme. Elle a fini par négocier son licenciement lorsque son entreprise a connu une baisse de la clientèle. Elle souhaite « mettre à plat » sa vie et faire passer désormais sa vie personnelle au premier plan, ce qui ne s'avère pas chose facile, pour différentes raisons.

Dans sa fratrie de sœurs, une s'est ôté la vie, vingt ans plus tôt. Est-ce ou non une coïncidence, se demande-t-elle, il s'agissait de la seule qui menait une vie normale, « c'est-à-dire avec un mari et des enfants ». En effet, toutes ses autres sœurs sont homosexuelles, pacsées ou en concubinage, avec ou sans enfants. Delphine est la seule à être une « célibattante ». Et vient d'obtenir l'agrément pour une adoption.

En creusant ce schéma familial, il apparaît que la mère de Delphine a fait une croix sur sa vie professionnelle à partir du moment où elle a eu ses enfants. Étant l'aînée, Delphine a repris à son compte tous les projets non accomplis de sa mère, notamment sociaux, économiques et professionnels. Elle se rend compte qu'elle est l'exacte réplique, « à l'envers », de celle-ci : tout ce qu'a réalisé Delphine, c'est ce que n'a pas réussi sa mère. À elles deux, elles forment une personne complète. « Je me suis toujours bien entendue avec ma mère, dit Delphine, le drame est apparu il y a deux ans, lorsque je lui ai dit que j'avais commencé des démarches pour adopter un enfant. »

En voulant à la fois s'accomplir en tant que femme et en tant que mère, Delphine a « rompu » le pacte secret qui l'unissait à sa mère. Elle l'a payé par une réprobation qui n'a pas vraiment été exprimée, mais qu'elle a très bien sentie, Delphine étant en

« osmose » avec les émotions de sa mère : « Je sais tout ce qu'elle sent au même moment, pas besoin de parler. » Elle réalise que c'est à partir de ce moment qu'elle a pris des antidépresseurs et comprend à présent pourquoi il lui était impossible, avant d'avoir fait affleurer tous ces éléments, de mener pleinement sa vie personnelle. La mère de Delphine, par ailleurs très aimante avec sa fille, n'a certainement pas identifié un tel processus, qu'elle perpétue inconsciemment.

La dynamique inconsciente d'une famille est directement concernée par les liens entre parents et enfants. Pour Serge Tisseron – mais nous retrouvons également cela chez d'autres auteurs comme Bowen, Minuchin et d'autres grands thérapeutes familiaux –, l'une des problématiques fondamentales des systèmes familiaux (et vraisemblablement de tout lien humain) est de passer de l'indifférenciation (ou la dépendance, avec des frontières floues) à l'individuation (soit l'autonomie, avec des frontières souples), en évitant l'excès de contrôle (frontières rigides). Toute la question est de créer des limites claires et saines entre les membres de la famille, afin que chacun puisse « vivre sa vie » et non « vivre en fonction ou pour les autres ». Plus facile à dire qu'à faire..

De la symbiose familiale à la difficulté de se positionner au travail

Certaines familles sont marquées par une fixation à un stade : par exemple, des parents qui refusent de voir leur enfant grandir, évoluer, lui dictant sans cesse ce qu'il doit faire, penser, sentir... et l'enfant suscitant et renforçant cela, sollicitant inlassablement ses parents sur ce qu'il doit faire, penser, sentir... Ce système-là tient tant qu'aucun de ses membres ne bouge. Tout cela est sous-tendu par la peur et l'angoisse ; pour se rassurer, chacun est prêt à tout car, au fond, ce qui est réactivé ici est l'angoisse de mort : « Après moi, que restera-t-il ? » Si l'enfant perpétue le schéma familial, l'apaisement survient : « Je ne serai pas complètement enterré... » Cela explique la ténacité et la détermination inébranlables de certains parents à faire en sorte que leurs enfants choisissent telle ou telle orientation, honorent telle filière... sans voir réellement qui est leur enfant, ce qu'il souhaite (et souvent il n'en sait plus trop rien) ni de quoi il se sent capable.

Voici un exemple de famille fusionnelle où les choix professionnels, initialement immatures, sont ensuite mieux dirigés.

Anne est une jeune femme de 28 ans. Elle travaille comme assistante dans une grosse société pétrolière et s'ennuie à mourir. Lorsque je la rencontre, elle parle sans s'arrêter, d'un débit rapide, ses idées se bousculent. Elle m'avoue être « passée » chez plusieurs « psys » sans trouver de réponse satisfaisante. « Tout sauf un psychiatre ou un psychologue qui vont encore vouloir me donner des médicaments, vouloir que je leur raconte ma vie. C'est le travail qui ne va pas, je me tue à le dire, mais eux, ils pensent que ça vient de mon enfance. Un vrai dialogue de sourds. Je vous le dis : tout vient de mon travail, et c'est pour cela que je suis là. » Je lui dis qu'en effet explorer l'enfance ne me paraît pas être une mauvaise idée. Les motivations vont se nicher loin, réveiller les ambitions oubliées demande parfois un travail thérapeutique en parallèle. « Vous êtes ma dernière chance ou je me flingue », conclut-elle.

Un peu surprise par cette affirmation, je continue à explorer son histoire en l'écoutant parler de ses jobs successifs, de ses visites à différents psychiatres. Je perçois une sorte de « boulimie de compréhension », une soif de s'en sortir, ce qui est très positif et en même temps un peu excessif : Anne veut aller vite, vite, vite. Or, pour ces questions-là, la vitesse n'est jamais bonne conseillère. Il faut au contraire accepter de revisiter ses souvenirs, retourner sur ses pas, explorer ses sensations, et cela ne peut se faire dans la précipitation et le contrôle du temps.

Pourquoi prendre des responsabilités semble si difficile ?

Pour « survivre », la stratégie d'Anne est de courir plusieurs lièvres à la fois. « J'ai fait une demande pour aller travailler au Canada, je suis en attente pour une mission humanitaire, j'ai un copain qui m'attend en Roumanie… Si je n'avais pas ces fenêtres de sortie, je vous jure que… » Anne est difficile à canaliser, mais nous réussissons à baliser un objectif : retrouver ses centres d'intérêt, donner une orientation à son énergie, comprendre le sens de ses expériences. Et surtout trouver ce qui, dans sa famille, lui pèse tant, l'empêchant d'aller vers ce qui lui plaît. « C'est ça qui me pèse le plus, avoue-t-elle. J'ai l'impression que tout le monde m'empêche de faire ce que je veux. Je reste la petite fille de la famille. Et même dans mon travail, je ne suis pas crédible. Pourtant, j'ai de l'énergie, je le sens, j'aimerais diriger, prendre des responsabilités, pourquoi je n'y arrive pas ? Je ne m'en sors pas. » Cette dernière phrase me met la puce à l'oreille : contre quoi Anne se bat-elle, à quoi utilise-t-elle le plus clair de son temps lorsqu'elle est en famille, qu'est-ce qui pompe son énergie ?
Le génogramme montre que la famille d'Anne est rurale, quasiment toute issue du même village, en Bretagne. « Je ne peux plus les voir, me dit-elle en substance. Ils boivent, restent trois ou quatre heures à table, n'ont jamais voyagé et, pour eux, un seul salut : la famille ! Vous vous rendez compte ? Je vais fonder une famille comme eux, moi ? Alors que je ne rêve que de voyage et d'aventure ? »

Des frontières floues

Il apparaît que les rôles et les places, dans la famille d'Anne, ne sont pas ce qu'ils semblent être. Anne mesure un bon mètre quatre-vingts et pèse plus de quatre-vingt-dix kilos, or elle a une voix fluette de petite fille. Son père, un colosse de deux mètres, pleure comme un enfant lorsqu'il a un problème quelconque. C'est le seul, parmi tous ses frères et sœurs, à avoir de l'argent et il vit comme un pauvre. Bref, des contrastes, dans cette famille, il y en a beaucoup ; et non seulement ce qui se voit n'est la réalité ni des personnes ni des relations, mais de plus chacun soutient l'autre dans une complémentarité factice : Anne soutient son père (en a-t-il besoin ou bien est-ce une stratégie pour garder sa fille auprès de lui ?), notamment en restant en conformité avec les « métiers des femmes de la famille, c'est-à-dire assistantes » ; son père soutient son frère (qui ne travaille pas) ; Anne soutient sa mère (en restant petite fille), laquelle soutient sa propre mère (à qui on ne dit pas tout ce qui se passe, comme les visites de l'oncle Truc ou de la tante Machine), etc. Les liens financiers sont, eux aussi, mélangés et on ne sait ce qui est à qui. D'ailleurs, à plusieurs reprises, Anne parle de « sa » voiture, achetée par ses parents, qui la lui ont offerte mais dont les papiers sont à leur nom, et qu'ils voudraient d'ailleurs récupérer...

Grandir en famille, grandir au travail

Au travail, Anne use de la même stratégie : a-t-elle parlé à sa responsable de son désir d'évoluer ? Non. D'ailleurs, elle ne pense qu'à une chose : partir. Part-elle ? Non. Car elle ne sait pas quoi faire. Alors elle attend, sans créer de vrai lien autour d'elle, en pestant chaque jour contre ce travail alimentaire, en rentrant chez ses parents tous les week-ends et en les critiquant : bref, Anne ne s'en sort pas... elle a du mal à grandir. Car elle se sent différente, souhaite une autre vie, mais a l'impression de subir un poids énorme (métaphore intéressante quand on sait qu'Anne a fait dans sa vie régime sur régime, et qu'elle décrit sa famille comme des « mastodontes » !). Dans son génogramme, elle s'est inscrite de telle façon qu'on a l'impression que c'est elle qui porte toute sa famille sur ses épaules... Alors,

fatalement, pour avoir cette force, elle mange, « car c'est comme ça dans la famille : il faut être solide ».
Dans ce contexte, difficile d'aller au cœur des passions professionnelles d'Anne avant d'élaguer les branchages que sont les relations familiales, les représentations du travail (surtout celui des femmes), la relation à la nourriture, à la parole, aux émotions... Oui, un travail psychothérapeutique est nécessaire, mais Anne ne veut pas en entendre parler.
Ma technique, dans ce cas, est d'adresser le patient, « pour voir et pour tester », à plusieurs professionnels (pour Anne, un nutritionniste et un psychogénéalogiste notamment) afin de lui permettre d'apprivoiser la peur de la thérapie et, surtout, d'avancer efficacement grâce aux différents miroirs qui lui sont alors renvoyés par les uns et les autres.

Sentir

En séance, elle a pu percevoir sa sensibilité artistique, son envie de sortir des sentiers battus et, surtout, de les reconnaître comme étant les siennes, sans se sentir coupable ou bizarre. « Cela fait du bien, dit-elle, car avec vous, tout ça paraît normal. Dans ma famille, on me traite de fille étrange, de mauvais caractère, de "jamais contente", d'idéaliste. Moi, je sais au fond de moi que j'aime ce qui est beau, esthétique. » Anne touche du doigt ses centres d'intérêt, qui ne correspondent ni à son éducation ni aux représentations familiales.
Les centres d'intérêt artistiques qui se manifestent ne signent pas forcément une future voie professionnelle. Pour une personne, comme cette jeune femme, ayant nié longtemps ses désirs et émotions, c'est d'abord une façon de se reconnecter à soi, de s'autoriser à admettre son être sensible, sa vulnérabilité. Apprivoiser cette partie de soi si fragile passe par le corps : peindre, danser, jouer de la musique... tout est possible. La reconnexion émotionnelle favorise le retour à soi et, à terme, les bonnes décisions, autonomes, mûries, adultes.
Pendant les quelques mois qu'a duré le travail, Anne a changé

Mais souvent, on l'oublie lorsqu'on atteint l'âge adulte. À l'occasion de crises, ces interrogations reviennent. Comme le spécifient Picard et Marc, « à travers la question de son identité, chacun pose aussi celle de ses limites et de sa place par rapport à autrui... L'identité implique une différenciation fondamentale entre soi et autrui, mais en même temps, elle se construit par l'identification entre soi et les autres [1] ». Le choix du métier nous aide à parachever notre identité grâce aux similitudes et aux différences perçues dans notre décision d'exercer telle ou telle profession, en référence aux normes familiales. Nous pouvons nous situer ou, au contraire, continuer à nous mouvoir dans un tout indifférencié : identité personnelle et identité sociale sont intimement liées, nous l'avons déjà souligné.

Dominique est le benjamin d'une famille comptant quatre enfants. Il a bientôt 50 ans et n'a jamais travaillé. Il habite dans la petite maison de campagne dont ses parents ont hérité il y a une trentaine d'années et qu'il a entièrement rénovée. Bricoleur, il est connu de tout le village pour sa gentillesse et sa serviabilité, et ces petits travaux au noir lui permettent de survivre tranquillement. Il ne pense jamais au lendemain. Il n'a pas de carte d'identité, ne s'est jamais inscrit pour toucher le RMI. Dominique est un asocial heureux : il n'est jamais vraiment rentré dans le système, n'a pas d'existence sociale véritable, il est « en dehors » du circuit. Sa vie ressemble à celle d'un prêtre... ce qu'a failli être son père, justement. Sa façon à lui de lui rester fidèle, attaché ? Nul ne sait et ne saura, car Dominique ne parle jamais de lui. Jamais. Comme un vœu de silence.

Explorer ce qui, dans l'histoire personnelle, peut expliquer une trajectoire est souvent source de changement pour la personne, qui s'autorise alors à prendre

1. Edmond MARC, Dominique PICARD, *Petit Traité des conflits ordinaires*, *op. cit.*, p. 19.

son envol et à changer de statut ou d'entreprise, ou à accepter de la sienne une nouvelle proposition de travail, ou encore à imaginer d'autres rapports à sa famille d'origine. La place que chacun occupe dans son travail – ou qu'il n'occupe pas, comme nous venons de le voir – en dit beaucoup sur lui-même. Mais comment décoder ce langage ? Poser des hypothèses, supposer, fait partie du lent travail de psychologue, d'accompagnant. Il existe un véritable code génétique familial des métiers et de l'accès aux études. Décoder ce « caryotype » à l'aide du génogramme, du récit de vie et même du dessin, aide à reconsidérer les choix d'orientation, à éclairer les facilités et obstacles qui ont jalonné le parcours, en vue de l'insertion professionnelle – l'insertion étant entendue ici comme le fait de « trouver sa place », la sienne, et non au sens économique du terme.

Le choix d'une profession et la façon de l'exercer peuvent servir à maintenir un équilibre psychique nécessaire à une intégration sociale et professionnelle.

Ainsi, l'équation en matière d'orientation scolaire et professionnelle doit prendre en compte non seulement les désirs propres de l'enfant ou de l'adulte concerné, mais aussi garantir l'équilibre familial inconscient et intergénérationnel.

En ce sens, le « scénario professionnel » – pour reprendre l'expression d'Eric Berne, fondateur de l'analyse transactionnelle – est étroitement lié au « scénario de vie » : un lien métonymique.

Place dans la fratrie, place dans l'organisation

La famille est un archétype puissant de toutes nos relations sociales. Elle organise notre mémoire relationnelle et, à notre insu, nous reproduisons, de manière souvent imaginaire et inconsciente, notre environnement familial au travail. Cela peut prendre la forme de schémas relationnels identiques (rivalités fratricides, oppositions, refus de l'autorité, soumission et abandon de soi, etc.), de projections fantasmées sur telle ou telle figure d'autorité ou sur un individu précis symbolisant pour nous un représentant de notre famille.

Souvent, lorsque j'ai partagé cette réflexion avec des personnes travaillant en entreprise, elles ont été surprises, ne reconnaissant dans leurs collègues aucun de leurs proches. En réalité, ce n'est pas tant dans les individus eux-mêmes que nous retrouvons cette ressemblance avec notre passé familial, mais plutôt au niveau des patterns relationnels que nous projetons sur les systèmes dans lesquels nous évoluons.

La place dans la fratrie est intéressante à explorer, pour constater des similitudes soit dans les configurations familiales (grâce au génogramme), soit dans les situations vécues et toujours revécues, selon les mêmes schémas répétitifs.

L'empreinte laissée par ces patterns relationnels initiaux est inconsciente. La famille donne à chacun d'entre nous, dans nos dix, vingt premières années (sous différentes modalités, variant en fonction de l'âge), une expérience subjective du monde. De fait, nous redéfinissons, réinventons toujours la réalité extérieure en fonction des perceptions que nous nous sommes forgées à cette époque. Cette configuration initiale sous-tend nos relations à venir, même si elle s'enrichit ensuite de nombreuses expériences humaines (voyages, travail...). Elle sert toujours de point d'ancrage dans les comparaisons pour comprendre et évaluer le monde qui nous entoure.

Dans ces relations filiales fondatrices existe une constante : même si les enfants ont tous un statut égal devant leurs parents, on observe des inégalités dans le traitement qu'ils reçoivent de leurs géniteurs (préféré, affinités, droit d'aînesse, sexe, etc.), structuration qui se retrouve bien souvent dans la façon dont se tissent par la suite les relations avec les pairs. Elle peut ainsi se traduire par un fond de rivalité ou de soumission, avec toute une palette de colorations possibles. Chacun a un rôle précis qui cimente le système. C'est ce rôle qui peut être repris par la suite, ou son versant opposé. Sur un génogramme, nous pouvons ainsi observer des « figures », des liens particuliers entre des caractéristiques relatives aux métiers, maladies, tempéraments...

Prenons le cas de deux frères : l'aîné sérieux, le deuxième insouciant, et ce d'autant plus que l'aîné est sérieux, comme si les deux étaient mus par un équilibre secret. Au travail, le frère insouciant peut se retrouver managé par une personne « sérieuse ». Comment va-t-il vivre cette situation ? Va-t-il reproduire les relations fraternelles, à l'identique ou suivant des variantes ? Va-t-il au contraire se vivre créatif et authentique dans cette relation, débarrassé des affects familiaux ? Cela dépend de son degré de maturité psychique, c'est-à-dire de sa capacité à se différencier et à être autonome vis-à-vis de son histoire passée. Parfois même, on peut observer que les aînés appartiennent toujours à un même secteur d'activité (l'enseignement par exemple), les seconds à un autre...

Ces sous-systèmes familiaux nous renseignent sur l'ordre familial, ses règles, sur ce qu'il est souhaitable de réaliser, et qui doit s'en charger. Sans le vouloir, au travail, nous projetons les mêmes rivalités, jalousies, insubordinations... Nous rejouons, toujours et en toutes circonstances, notre film familial, jusqu'à ce que nous l'ayons dépassé. C'est à cette dernière condition seulement que nous cessons ces répétitions pour être dans la création de notre parcours et de notre vie.

J'ai ainsi souvent observé qu'une personne, malgré sa frustration évidente, ne négocierait pas d'augmentation de salaire qui risquerait de nuire à l'équilibre fratricide, son frère, par exemple, ayant toujours été plus brillant, plus « porté » par ses parents. Que se passerait-il s'il réussissait mieux que lui ? Dans son esprit, la crainte de mettre en péril l'équilibre familial est plus forte que son besoin de reconnaissance ou financier. Rester à un niveau « subalterne » à son frère est dans l'ordre des choses. La loyauté participe fortement à la cohésion du groupe famille.

Les rivalités fratricides et leurs cortèges de refoulements émotionnels trouvent dans le monde du travail un terreau fertile pour se reproduire. Ainsi, les injustices promotionnelles vécues par nombre de salariés peuvent réactiver chez certains d'anciennes plaies non refermées. En voici un exemple avec Joseph.

Joseph est sans cesse confronté à un problème, toujours le même : quelqu'un de plus « novice » lui ravit sa place au moment où une promotion pourrait lui être proposée. Il ne comprend pas, car cela fait plusieurs fois que ce phénomène se reproduit, et ce malgré des changements de société. Ses sentiments à cet égard sont également toujours les mêmes : la colère, l'envie de sabotage, la délation.

Joseph fait le parallèle avec une situation d'enfance où, un jour, alors qu'il avait réussi à être le premier de sa classe, son frère, d'un an plus jeune, lui avait ravi sa place en obtenant un bulletin meilleur que le sien. Leur père avait alors décidé, pour « challenger » Joseph sous prétexte qu'il avait plus de « facilités » que son frère, de n'emmener que ce dernier à la sortie promise. Joseph s'était tu mais il en avait gardé une rancœur éternelle vis-à-vis de son frère (mais pas à l'égard de son père). Avec les années, ce souvenir s'était estompé. La réminiscence de celui-ci génère chez lui une rage indescriptible.

Ayant pris acte de cette intensité émotionnelle, Joseph établit alors le lien avec ses difficultés professionnelles actuelles. Le travail thérapeutique l'aidera à rompre avec ce scénario et son cortège de sentiments « élastiques » (c'est-à-dire ayant trait au passé et ravivés par un événement présent).

Dans une grande entreprise, une personne, a fortiori si elle occupe un poste subalterne, se vit souvent comme un numéro. Dans des services où le manager est humain et dialogue ouvertement en prenant en compte les gens qu'il a sous sa responsabilité, la personne peut davantage exprimer son potentiel et ce qu'elle est. Sinon, la rivalité fratricide est réactivée. Les guerres intestines mobilisent plus d'énergie (comme gérer des conflits larvés ou explosifs, par exemple, au lieu de se consacrer à cent pour cent à son travail) que les enjeux réels (mater la concurrence), et on perd de vue l'objectif final : collaborer pour rester compétitif !

Nos comportements, pensées et émotions sont influencés par ceux des autres et par la situation. La psychologie sociale a fait du milieu familial un objet d'étude privilégié, tant il inspire à chacun de ses membres des moyens pour communiquer et se positionner. Cependant, nous ne pouvons nous construire que dans l'altérité, parce que d'autres existent et nous incitent à les imiter ou à nous opposer. Cette primauté du groupe sur ses membres pris dans leur individualité est d'ailleurs formidablement résumée par le célèbre principe holiste selon lequel « le tout est plus que la somme de ses parties ».

Ainsi, même si l'éducation est apparemment la même pour les enfants d'une même famille, chacun la recevra de manière unique et spécifique en fonction de sa place (dans la fratrie et dans la famille élargie, c'est-à-dire sur deux ou trois générations), son caractère (en tant qu'il ressemble ou pas à tel ou tel parent), les événements imprévus, la façon dont il les interprète en fonction de sa propre expérience.

Néanmoins, prendre sa place, se différencier, est source de motivation et peut offrir de nouvelles pistes, grâce auxquelles on peut s'ouvrir à un monde plus vaste et explorer des potentialités jusque-là restées en friche. Mais avant cela, se libérer de la fusion ou de la pression familiale est une étape nécessaire. Ce n'est ni une fin ni un début : c'est bien une piste où il nous faut avancer, toujours. Prendre sa place est un cheminement, un processus. Et une joie.

3.

Le projet parental et son impact sur les choix professionnels

> « Chacun joue un rôle bien spécifique dans un scénario familial, et la distribution de ces rôles s'est faite le plus souvent à l'insu des uns et des autres. »
>
> Mony Elkaïm

Une famille a deux fonctions principales : elle se doit d'assurer d'une part le soin et l'éducation aux enfants, ce qui implique proximité, affection, stabilité et organisation, et d'autre part la filiation, qui consiste à laisser un jour ces enfants partir et « faire leur vie », ce qui implique au contraire séparation, individuation et transmission.

La question de l'orientation, nous l'avons vu, trouve ici son point de complexité, si l'on part de l'hypothèse que choisir un travail est une manière de séparer et d'assurer son individualité tout en maintenant le lien filial. La question qui se pose au jeune est donc celle de trouver comment réunir ces deux pôles antinomiques que sont séparation et continuité, avec en toile de fond les problématiques de l'argent et de l'autonomie.

Tous les parents ont le désir de voir leur enfant réaliser quelque chose qui leur tient à cœur. Ce peut être reprendre l'entreprise familiale, entreprendre de longues et brillantes études ou devenir un acteur connu.

Ce métier est plus ou moins verbalisé selon les familles, car il est plus ou moins investi : pour Pierre, voir son fils réussir, c'est pérenniser sa propre ascension sociale ; pour Paul, c'est au contraire valoriser ses qualités de père ; pour Jacques, ce sera une revanche sur son propre père duquel il ne s'est jamais vraiment détaché.

Les rigidités par rapport aux aspirations professionnelles peuvent donc signer un certain type de rapport parent-enfant. Ce dernier est pris dans une relation dont il ne connaît ni l'origine ni les raisons, mais seulement les règles implicites.

> Alain a un père centralien. Ce dernier, fils unique d'un instituteur de province et d'une mère au foyer, est la fierté de ses parents. Alain, qui, à l'instar de ses frères et sœurs, avait des « facilités » étant enfant, a senti monter une pression continuelle de son père pour qu'il fasse, lui aussi, l'école prestigieuse. Mais cela ne correspondait pas à son désir profond (lui voulait être musicien) ; de plus, il avait peur de ne pas être à la hauteur des exigences d'un père autoritaire, pour qui « un 19 n'est pas parfait ». Il a fini par faire de la musique... et vivre des subsides que lui donnait son père, chaque mois, car il n'a jamais réussi, malgré un talent évident, à s'affranchir et à grandir. Ce qu'il avait décidé d'entreprendre, il n'avait pas le droit de le réussir.
> Pour Alain, la rigidité des rapports est telle qu'elle rend impossible toute velléité d'indépendance. La dévalorisation continuelle a fini par avoir raison de tous ses efforts pour quitter l'emprise paternelle, lui prouvant que, décidément, il n'est pas à la hauteur, pas digne d'être le fils de... Il ne s'est jamais marié. Sur les quatre enfants, seul son frère aîné, qui a fait sa carrière dans la société américaine où était employé son père, a un fils qui... a été admis à Centrale.

Ce type de relation, tacite, est inconsciente, non verbale et non verbalisée. Et si cela l'est un jour par l'enfant devenu adulte, il sera généralement nié.

En partie conscient et en partie inconscient, le projet parental conditionne l'orientation, mais peut aussi condamner à l'errance professionnelle, ou limiter certains comportements, favoriser ou non les réussites des actions entreprises au travail.

Y a-t-il toujours un projet des parents pour leur enfant ?

Selon Vincent de Gaulejac[1], le « projet parental » est « l'ensemble des représentations que les parents se font de l'avenir de leurs enfants ».

Le sentiment d'identité prend avant tout naissance dans la famille selon un double mouvement d'appartenance et d'individuation. Le nom de famille signe l'appartenance, tandis que le prénom indique l'individuation. Le projet parental est l'élément central de la construction de l'identité : en effet, on se construit parce que l'on s'identifie à d'autres personnes, aux parents le plus souvent, mais aussi à la famille et dans une moindre mesure à quelques figures de référence (certains amis, stars, etc.). Ensuite, les parents, dans l'éducation qu'ils transmettent au quotidien, actualisent ce projet initial : ils le permettent ou non, et ce inconsciemment, en fonction de ce qui se passe dans la dynamique familiale.

« Fais ci, ne fais pas ça »

Le projet parental comporte toujours un objectif, le plus souvent verbalisé. Il est donc conscient et sert

1. Vincent de GAUJELAC, *La Névrose de classe*, Paris, Hommes et Groupes, 1999.

à maintenir un niveau de vie, de savoir… Il est source d'inspiration ou d'opposition : « Tu feras un bac S, une grande école et tu seras ingénieur, comme moi. »

L'objectif conditionne grandement l'éducation. En effet, les parents vont élever leur enfant en concordance avec le but qu'ils souhaitent les voir atteindre. Cela peut justifier, outre les directions données au comportement de l'enfant (« Fais tes devoirs, tu joueras après », « Untel n'est pas fréquentable », etc.), les pressions concernant les « bonnes » filières, qui dépendent complètement de l'environnement familial et de l'objectif. « C'est Centrale ou rien ! » dit son père à Alain.

Danièle, qui a un niveau quatrième, me parle de son compagnon « très diplômé » : « Il a trois CAP ! Si mes enfants lui arrivent à la cheville… c'est qu'ils auront pris de leur père, pas de moi ! »

« Toi, tu peux réussir là où j'ai échoué »

Le projet parental comporte également un aspect projectif. Chaque parent porte en lui un enfant imaginaire, qui n'est autre que lui-même « en parfait » : c'est l'enfant fantasmé, idéalisé, une partie de soi, son propre potentiel inexploité, voire incompris.

Cet enfant imaginaire, l'adulte l'identifie ensuite à son véritable enfant. Aucun parent ne voit son fils ou sa fille comme il ou elle est réellement. Au contraire, même s'il garde un certain recul, il se représente son enfant comme étant une partie de lui-même : et pour cause, il est bien « sorti » de lui ! Et c'est cela qu'il projette sur lui, sans en avoir conscience : il voit en son fils, sa fille, toutes les qualités, tout ce à quoi lui-même, enfant, aurait rêvé ou aspiré et qu'il n'a pu obtenir. Mais à ce regard valorisant, voire écrasant il est vrai dans certains cas, peut aussi se mêler un autre, plus dur. Ce regard-là vient de l'adulte lui-même, de celui que ses propres parents ont porté (ou qu'il a cru voir) sur lui et que l'enfant « déçoit ». Encore une fois, l'enfant n'est pas regardé pour ce qu'il est mais à travers le prisme de conformité à l'image que ses parents se font de lui, et qu'il doit honorer.

Le projet parental est forgé de tout cela, de toutes ces forces inconscientes, opposées parfois, puissantes. Toutes les réussites comme tous les espoirs déçus des parents sont réactualisés et rendus possibles grâce aux potentiels fantasmés de leur enfant. Plus les adultes se sont réalisés et différenciés de leur propre famille, plus l'espace de projection sur la descendance est restreint.

L'enfant, lui, cherche naturellement à imiter l'adulte qui l'élève. Bien sûr, il sera « autre », mais il intériorisera beaucoup d'éléments non verbalisés, inconsciemment. De ce fait, il ne sera pas en mesure de s'y opposer, ou en tout cas pas sans risque. Lorsque ces éléments restent tacites, réaliser le projet parental a alors à voir avec la loyauté.

Cette dimension est une composante fondamentale de toute relation humaine. Ivan Boszormenyi-Nagy, père de la thérapie contextuelle[1] (dans la mouvance des thérapies familiales systémiques), a montré que l'équité, la confiance, la fiabilité, la légitimité et la loyauté sont des moteurs relationnels très puissants. Autrement dit, pour qu'une relation dure, il faut qu'il y règne un lien suffisamment solide. Cette force vient de l'équité et de la justice proposées et vécues dans la relation et elle renvoie au concept de « balance des comptes » puis de « balance de l'équité ». Pour ce psychiatre d'origine hongroise, un enfant possède un

1. Voir notamment *Invisible Loyalties*, coécrit avec Geraldine M. Spark, New York, Harper & Row, 1973 ; rééd. Routledge, 1984. Catherine Ducommun-Nagy, veuve de ce grand psychiatre, fait vivre ses idées par ses conférences et son livre *Ces loyautés qui nous libèrent* (J.-C. Lattès, 2006).

a priori positif spontané envers ceux qui s'occupent de lui, en général ses parents : « Chacun est porteur d'une dette existentielle qui provient de la réalité que les parents ont été bienveillants lorsque nous étions enfants de façon à mériter notre confiance. Tant que l'enfant sera vivant, il ne sera jamais vraiment quitte de cette dette envers ses parents[1]. » Afin de « rendre justice », l'enfant devenu adulte redonnera à son tour ce qu'il a reçu à la génération suivante.

Cette théorie est fort pertinente pour expliquer les « fidélités professionnelles ». En effet, ces dernières peuvent être l'expression d'un « contre-don », une façon de rendre ce qu'on a reçu, de ne pas se sentir redevable, de se sentir légitime dans le lien nourricier qui nous a permis de vivre ou de survivre. L'attachement à ses parents, même pathologique, est lié à ces notions de dette, mérite, équité.

Ainsi, la loyauté permet de souder une famille, de ne pas remettre en cause son fonctionnement dynamique. La genèse du projet parental se trouve donc dans la généalogie. Il est l'expression des projets des générations précédentes, du groupe familial qui le produit.

Faire pareil ou le contraire de ses parents ?

« Fais comme moi »

Dans le « Fais comme moi », il y a un désir de reproduction, de transmission, doublé d'un certain narcissisme parental. La logique se situe ici dans la répétition, la conformité.

1. Pierre Michard, *La Thérapie contextuelle de Boszormenyi-Nagy*, Bruxelles, De Boeck, 2006.

Dans la légende de Narcisse, ce beau jeune homme, apercevant son propre reflet dans la rivière, finit par dépérir à force de s'y regarder. De même, un enfant réveille le narcissisme de ses parents et, suivant la fragilité de ceux-ci, il ne doit pas les décevoir. Plus l'équilibre psychique des adultes est précaire, plus la pression qu'ils exerceront sur leur petit sera forte.

C'est ainsi que certaines familles sont marquées par des rapports fusionnels, qui introduisent de la confusion entre les personnes, car il n'y a pas de limite entre soi et l'autre. Les frontières sont floues, voire inexistantes, entre deux générations.

« Fais mieux que moi »

Dans l'injonction « Tu feras mieux que moi », il y a l'obligation pour l'enfant de s'inscrire dans une compétition générationnelle qui met, mine de rien, le désir du parent au premier plan. En effet, « Fais mieux que moi » signifie pour l'enfant s'approprier les grands principes de la réussite professionnelle et sociale du parent, qui lui ordonne (même si ce n'est qu'un souhait) de faire mieux.

> « Charcutier, c'est un métier trop dur. Je n'ai pas pu faire d'études. Tu en feras, toi. Et tu gagneras plus d'argent que moi, et tu ne galéreras pas, comme moi, avec un patron qui t'exploite : ce sera toi le patron ! »

Que se passe-t-il si l'enfant décide de « vivre sa vie » et de moins bien réussir, ou du moins de réussir selon ses propres critères ? Il peut entendre parler de « trahison », de « déraison », voire perdre la reconnaissance de ses parents puisqu'il ne s'inscrit pas dans la même logique. Et si, d'aventure, un de ses frères ou sœurs s'approprie cette mission, alors la compétition fratricide est réactivée. Cela peut venir expliquer certaines trajectoires asociales, voire certains comportements limites chez des individus qui n'arrivent pas à trouver leur place dans le monde du travail (et, souvent, dans le monde tout court), et ce parfois malgré de brillantes études. Être différent de ses parents revient toujours à les prendre comme référents pour son devenir, signe que l'on ne s'en détache pas. La logique de loyauté prime sur le reste. Dans tous les cas, l'essentiel est non dit et indicible, et c'est ce qui rigidifie les relations et les espaces imaginaires pour savoir où se placer dans son projet professionnel.

« Sois ce que je n'ai pas pu être »

L'injonction « Sois différent de moi, sois ce que j'aurais aimé être » renferme une notion de différenciation, mais aussi un grand paradoxe : comment être soi sur ordonnance ? L'individu est pris dans un système relationnel problématique dont il ne peut sortir. Ce paradoxe est de l'ordre du « Sois spontané » décrit par Bateson, Watzlawick et les théoriciens de l'école de Palo Alto[1] : « Si je suis spontané, c'est pour obéir à ton ordre, donc je ne le suis pas (et ne peux l'être), et si je ne suis pas spontané, je ne t'obéis pas, donc je le suis. » Ce type de paradoxe, fréquent dans la vie courante, ne nous affecte pas forcément car nous ne sommes pas dupes. Par exemple, un professeur de français qui demande à ses élèves : « Pensez par vous-mêmes » sera le premier à mettre une bonne note à celui qui reflète au plus près ses références, idées, etc. C'est d'ailleurs bien souvent un sujet de plaisanterie entre élèves ! Mais le « Sois autonome ! » d'un parent peut se révéler d'un

1. Cf. Paul Watzlawick, Janet Helmick Beavin et Don Jackson, *Une logique de la communication*, Paris, Le Seuil, « Points », 1972.

tout autre ordre quand il signifie que l'enfant doit à la fois prendre des responsabilités et rester immature en fonction des angoisses du parent : il met l'enfant dans ce que l'on appelle un « double lien ». Ce dernier ne peut y répondre, c'est-à-dire être loyal envers ses parents, qu'en choisissant une « troisième voie », qui peut être la confusion mentale, voire la folie.

En matière d'orientation scolaire puis professionnelle, cela se caractérise par un choix à faire pour l'enfant devenu adulte : soit répondre au désir de ses parents (donc en ignorant le sien), soit renier sa famille. C'est cela que je nomme l'« équation à résoudre » : quel choix s'offre réellement au jeune ? Il devra, pour s'en sortir, faire preuve de créativité, en créant par exemple un nouveau métier, en se dirigeant vers une voie professionnelle inédite, ou en inventant sa propre façon de travailler. S'il ne le fait pas, il risque tôt ou tard de se retrouver confronté à une « crise de vie », une crise existentielle remettant en cause le sens de sa vie, le confrontant cruellement à ces liens problématiques et douloureux. L'issue de cette crise se trouve parfois dans la violence physique ou psychologique sur soi ou les autres (somatisations, harcèlements, tentatives de suicide…). Sa résolution réside presque toujours dans le travail thérapeutique.

La mission de réparer ses parents

Parfois, l'enfant est « élu » pour réparer. Le psychiatre Helm Stierlin a appelé ce mécanisme la « délégation » : l'enfant est investi d'une mission et doit réussir là où ses parents ont échoué ; inversement, il peut être chargé d'une « faute » de ses parents et devoir l'expier.

Délégation et parentification

« J'ai été responsabilisé(e) très tôt » est souvent la phrase clé qui exprime une inversion générationnelle : un individu, dans son jeune âge, prend en charge un parent. Il y a une différence entre être responsabilisé et être parentifié. Dans ce dernier cas de figure, l'enfant est placé en position de parent : les rôles sont inversés. C'est l'*enfant loyal* du système familial.

Yasmina n'avait que 18 ans lors du départ de son père. Elle a alors tout pris en charge : l'éducation de ses sœurs comme ses propres études, tout en travaillant pour nourrir sa famille, sa mère étant restée anéantie et dépressive après le départ de son mari ; l'achat d'un appartement pour cette dernière, puis pour sa plus jeune sœur enceinte et seule. À 40 ans, Yasmina estime qu'elle a « accompli sa mission ». Mais elle se sent aujourd'hui épuisée et seule. Elle n'a jamais eu de petit ami, « pas le temps », soupire-t-elle. Sa vie de femme a été enterrée pour porter toute sa famille, et celle-ci lui voue une reconnaissance à vie.

Schéma de la parentification

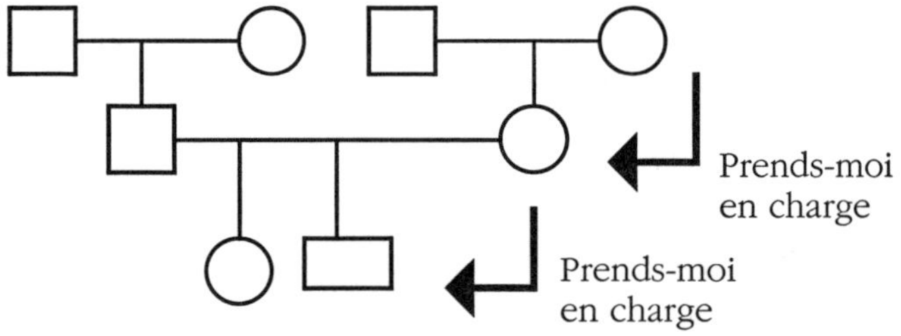

Les conséquences négatives de la délégation le sont d'autant plus qu'elles ne correspondent pas aux compétences de l'enfant, ni à ses aspirations personnelles. C'est le cas de beaucoup de quadragénaires qui, après un temps où ils ont consacré leur énergie à se conformer à ces exigences généralement non verbalisées, décident d'aller chercher au fond d'eux-mêmes les trésors motivationnels qu'ils n'ont jamais osé aller découvrir.

Contradictions parentales dans la réalisation du projet professionnel

Parfois, c'est dans la réalisation du projet qu'il faut voir des contradictions. C'est le cas lorsque les parents proposent à leurs enfants des modèles de conduite qui ne sont plus adaptés à la société dans laquelle ils doivent s'insérer.

Alex, 30 ans, est chef de pub depuis quatre ans. Il a l'impression d'être constamment en décalage entre ce que lui demande sa hiérarchie et ce qu'il réalise. Du coup, il se sent « sur la touche » et, pourtant, il ne ménage pas ses efforts pour réussir.
Alex est issu d'une famille bretonne depuis des générations, bien ancrée dans le monde rural, et d'un niveau social plus que modeste. Dans sa famille, aussi bien du côté de son père que de sa mère (tous habitaient deux villages voisins sur la même île en Bretagne), les valeurs transmises sont celles de l'« effort », du « pragmatisme », de la « modestie ». Réussir facilement, en particulier des choses aussi futiles que la publicité, n'est pas glorifiant. En même temps, et ce de manière très explicite, les parents d'Alex ont voulu qu'il fasse « des études après le bac, pour aller en ville et surtout à Paris ».
Comment concilier ces valeurs traditionnelles autour du travail et celles, très urbaines, de la publicité ? Alex ne peut réussir qu'en « trahissant » ses parents, c'est-à-dire en reniant les valeurs dans lesquelles il a été élevé. Il ne peut les satisfaire qu'en s'en éloignant, et ce paradoxe est pour lui si insupportable qu'il a tenté, depuis ses débuts dans la publicité, de lier l'inconciliable.

Parfois, en effet, l'enfant va plus loin que le parent dans la réalisation de son projet, jusqu'à en déstabiliser ce dernier !

« Je t'avais bien demandé d'être une femme indépendante et courageuse, comme j'ai moi-même tenté de l'être, mais tout de même, pas au point de faire un métier si risqué ! En plus, c'est incompatible avec une vie de famille telle que je te l'ai apprise », dit une mère à sa fille cascadeuse.

La liberté laissée à l'enfant génère des surprises qui peuvent, un temps, remettre en question une éducation ou des valeurs.

Mais au-delà du projet, ce qui se transmet est la façon dont les parents ont « mené leur barque » et « rusé » dans les méandres de leur propre projet parental. S'en sont-ils affranchis ? Demandent-ils à leurs enfants (même quand ceux-ci ont 40 ans ou plus !) de réaliser ce qu'ils n'ont pas réussi à faire ? Où en sont-ils eux-mêmes ?

4.

La loyauté transgénérationnelle ou invisible

« Rien n'influence plus un individu que son environnement psychologique et particulièrement, dans le cas des enfants, la vie que leurs parents auraient souhaité avoir. »

Carl Gustav Jung

Lorsque nous travaillons avec passion, c'est que nous avons trouvé un sens qui transcende la simple raison que nous avons de « faire un travail » : nous vibrons, nous adhérons, nous créons, nous nous envolons. Et cette passion, cette envolée, lorsqu'elle devient excessive (trop de travail, au détriment du reste), peut conduire certains à sacrifier leur famille, leur couple, leur santé. Cette absence d'équilibre est toujours suspecte : elle peut combler l'angoisse créée par le vide, l'absence. Alors, le travail est une passion parce qu'il n'a plus de limites, il ne fait qu'un avec l'individu qui *devient* son travail, se confond avec lui.

Comme précédemment, se heurter chaque fois aux mêmes impasses, aux mêmes styles relationnels, aux mêmes interrogations qui nous font revisiter le sens de notre travail sont des comportements qui trouvent leurs racines dans les tréfonds de notre être, notre enfance, nos liens familiaux, nos fidélités à ceux-ci.

Mon propos n'est pas ici de parler des systèmes organisationnels qui, de plus en plus, utilisent la pression et des formes nouvelles de rationalisation du travail pour enrôler l'individu dans une danse effrénée – nous l'avons abordé au chapitre 1. Ma réflexion porte plutôt sur les questions suivantes : pourquoi une personne se laisse-t-elle prendre dans un tel engrenage ? Pourquoi tant de mal à mettre des limites ? Pourquoi est-elle « à fond » dans son travail, tandis que son voisin n'y trouve qu'un intérêt moyen ? Et pourquoi « patine »-t-elle ?

Travail et loyauté transgénérationnelle

Les thérapies familiales, comme nous l'avons vu précédemment avec Boszormenyi-Nagy, apportent un éclairage dans la compréhension des conflits intériorisés de génération en génération.

Jeunes adultes, nous reprenons souvent à notre compte certains éléments de l'histoire de nos proches ou lointains ancêtres, en fonction de facteurs qui nous échappent au moment où nous choisissons une orientation ou un travail. Le fait d'y rester un certain temps ou de changer constamment en dit long sur nous : la plupart du temps, nous pouvons, en cherchant bien, expliquer nos actions et en trouver l'origine. Du moins pouvons-nous émettre des hypothèses. Et augmenter ensuite notre liberté de choix, pour être plus heureux, exprimer nos potentialités et accomplir ce que nous désirons sincèrement.

La « vocation » à la lumière des loyautés transgénérationnelles

Considérons un exemple de loyauté transgénérationnelle dans lequel une personne cherche, sans en avoir conscience, à réparer une injustice faite quelques dizaines d'années plus tôt par ignorance scientifique. Les progrès de la science et surtout de la génétique ayant été fulgurants au XXe siècle, le choix de son métier lui a permis symboliquement de réhabiliter une forme d'honneur dont pourront bénéficier ensuite tous les membres de sa descendance.

Philippine était une jolie femme en son temps. Aujourd'hui, elle est âgée, mais elle accepte volontiers de me confier son parcours professionnel atypique et surtout « engagé », comme elle aime à le dire. « Avec ce travail, j'ai tout gagné et tout perdu », explique-t-elle.

Lorsque Philippine naît, elle est la deuxième enfant de sa mère, femme de ménage, et seule fille de son père, ouvrier en usine. Sa grande sœur, qui est en réalité sa demi-sœur, Juliette, a déjà 17 ans.

Juliette a été reconnue par le père de Philippine et toutes deux portent donc le même patronyme. Pourtant, nul n'ignore (car ce n'est pas un secret) que Juliette est née d'une aventure avec le fils de la maison bourgeoise qui employait la mère de Philippine dix-huit ans auparavant. Une fois la grossesse découverte, celle-ci fut renvoyée. Elle dut se réfugier chez ses parents qui accueillirent et élevèrent la petite Juliette pendant que sa mère cherchait en hâte une nouvelle « place ». Elle fut exclue du clan familial, sauf de ses parents et surtout de sa mère, celle-ci l'ayant même incitée à saisir la justice pour clarifier la situation et obtenir une pension alimentaire.

Vaine peine ! Nous étions alors dans les années 1930 et, à l'époque, les recherches sur l'ADN commençaient tout juste. Non seulement le procès que la jeune femme a intenté à son

amant d'un soir n'aboutit pas (c'est le pot de fer contre le pot de terre), mais la mère de Philippine (qui avait 20 ans à l'époque) en est sortie couverte de la honte d'avoir étalé toute cette histoire sur la place publique pour être finalement déboutée.
Puis elle rencontrera un homme, qui acceptera de reconnaître l'enfant et lui en fera trois autres. Tout cela, Philippine le sait.
Sa scolarité marche très bien, comme celle de ses frères, et elle est passionnée enfant par les sciences naturelles. Le faible niveau de vie de ses parents et les difficultés financières la contraignent à se marier jeune, à élever ses enfants et à renoncer à toute vie professionnelle.
Heureusement pour elle, son mari gagne bien sa vie et, au bout de plusieurs années, les enfants étant scolarisés, Philippine a la possibilité de réaliser son rêve : passer son bac puis reprendre des études de biologie. Rapidement – « je ne sais pas pourquoi », dit-elle –, elle se passionne pour la génétique et compte avec enthousiasme les drosophiles, avant de se consacrer à l'amélioration des races bovines. Elle sera congratulée en fin de carrière pour sa pugnacité et sa finesse d'analyse, obtiendra de nombreuses récompenses pour ses recherches, et ses articles seront traduits dans le monde entier.
Que dit Philippine sur l'origine de sa passion pour la génétique ? Pas grand-chose, si ce n'est des faits très rationnels : « Cette matière m'a toujours intéressée. C'est ma vocation : depuis que je suis petite, j'aime comprendre ce genre de chose. Oui, les sciences naturelles, le mystère de la science, en fait, tout cela n'est pas un mystère, il suffit d'analyser tous les facteurs, de remonter dans la lignée, de comptabiliser… tout cela est très logique ! J'aime démontrer ce qui n'apparaît pas évident de prime abord. Voilà : c'est là la source de ma passion. »

Ainsi, pour Philippine, « il n'y a pas de mystère, tout s'explique par la logique ». Que peuvent signifier ces paroles ? Pourquoi pense-t-elle ainsi ?

Cette femme met la rationalité au cœur de son quotidien professionnel, au cœur de sa pensée, et ce chaque jour. Il est très important pour elle de penser,

« d'autant que je suis très émotive », me confie-t-elle. « Alors, je ne pouvais pas faire un métier de relation : seul un travail scientifique, où mon énergie est mobilisée dans la démonstration, pouvait me plaire. » Certes. Mais pourquoi cette « vocation » depuis toute jeune fille ? Pourquoi cette importance de la voie génétique ? Philippine ne sait pas ou, du moins, elle ne peut en dire plus.

Et si la source de sa passion pour cette discipline se trouvait dans sa volonté de « réhabiliter » sa mère ? Du même coup, sa demi-sœur retrouverait sa place dans la filiation.

Philippine a bien perçu, petite, l'anxiété de sa mère, et elle l'a faite sienne, en raison de leur très grande proximité. Elle a cherché sans doute à cerner les mystères d'une femme dynamique mais taciturne, et a trouvé des réponses qu'elle exprime au quotidien dans son travail. Cela l'aide à vivre, donne du sens à ce qu'elle fait, l'incite à vouloir constamment se dépasser. Elle ne compte pas son temps au laboratoire, elle cherche, quotidiennement, des lignées, des suites logiques, le dénominateur commun, chose que n'a pas pu faire sa mère à l'époque. C'est comme si, chaque jour, même si elle n'avait pas conscience de tout cela au moment où elle a choisi son orientation, elle œuvrait pour réhabiliter une « traçabilité », celle-là même qui aurait débarrassé sa mère de tout souci financier et lui aurait rendu son honneur de femme. La formidable épopée génétique, contemporaine de l'ascension professionnelle de Philippine, a servi de terre fertile et accueilli ses aspirations.

Ainsi, la manière dont chacun fait cas de ses obligations familiales déterminera sa « mission » dans la vie, notamment au travail. Le lent travail de compréhension des liens qui nous unissent à notre famille et ont conditionné notre avenir est indispensable en ce sens qu'il permet une relecture des relations, des dettes et des mérites de chacun. Il offre une opportunité de s'affranchir de la culpabilité et de vivre sa vie « en vrai », et non plus par procuration.

Les enfants de Juliette, la fille qu'a eue la mère de Philippine avec un homme aisé ont gravi l'échelle sociale, certains sont même imposables sur la fortune : retour de balancier, honneur et loyauté envers cette grand-mère qui a tant risqué et perdu ?

Selon Boszormenyi-Nagy, la réussite sociale est une des manifestations de la loyauté. Cette conception donne une autre vision de ces réussites familiales ou déconfitures, et signe bien une dynamique de « juste répartition ».

L'exemple de Philippine montre qu'un travail passionnant trouve ses origines au plus profond de nous, dans notre désir de donner un sens à notre existence. Parfois, il peut sembler que c'est là l'unique façon de mener sa vie sur terre.

Le sens de la vocation viendrait-il de là, de ce sentiment d'urgence à faire, à connaître, à réaliser ? Philippine a décidé de dénouer l'histoire, d'« être dans le coup », en cherchant inlassablement des codes génétiques et des filiations bovines grâce à l'ADN. Tout cela sans en avoir conscience, bien sûr… mais la vérité se sent, elle est dans l'intensité avec laquelle on vit les choses.

La « mission de vie » à la lumière de la psychanalyse

Afin de connaître l'« écologie de comportement » d'un individu et comprendre ce qui fait sens pour celui-ci, la théorie psychanalytique peut se révéler d'un précieux secours. Elle aide à y voir clair, à saisir pourquoi le patient refuse de voir l'évidence (il est irritable et se perçoit comme souple, il est obstiné et se perçoit comme dilettante, etc.), ce qui l'amène par exemple à s'engouffrer dans une activité sans recul ni limite ou, au contraire, à ne pas s'y engager, ne pas s'y intégrer vraiment, malgré un discours manifestement opposé.

Freud a parlé de « sublimation » pour tenter d'expliquer l'intensité de l'énergie que mettait un sujet dans une activité intellectuelle ou artistique. La sublimation est l'un des nombreux mécanismes de défense qui permettent à l'inconscient de s'exprimer, mais de façon filtrée. Ainsi, le message codé qui en émane n'est pas perçu comme dangereux pour l'équilibre psychique du moi : le mécanisme de défense agit comme une trieuse, classant ce qui est socialement acceptable et peut « sortir » et ce qui doit absolument rester enfoui et secret. En fait, il sert à relier le moi et le ça, autrement dit le conscient et l'inconscient. Grâce à la sublimation, l'individu peut « survivre » psychiquement, et exprimer de façon quotidienne sa problématique inconsciente, apaisant du même coup son angoisse.

Anne Ancelin Schützenberger souligne l'importance de l'expression de notre inconscient par le corps, à travers nos gestes quotidiens : « Le corps s'exprime par les doigts ou les maux, donnant à voir les maux qu'on ne peut mettre en mots ou dont on ne peut ou ne sait plus parler – vécu corporel, mémoire du corps, langage du corps[1]... » Qu'est-ce qu'on reproduit de ce qui nous préoccupe, lorsqu'on travaille, lorsqu'on ne travaille pas ? Qu'est-ce qui nous rend motivés, démotivés ? Pourquoi tant de différences entre les individus ?

Examinons, par exemple, différentes raisons qui peuvent pousser un individu à exercer le métier de comptable ou d'expert-comptable : Untel aimera la comptabilité car compter, recompter, que tout tombe juste, satisfait son besoin de contrôle, l'empêche de divaguer, et représente pour lui une façon de

1. Anne Ancelin Schützenberger, *Psychogénéalogie*, Paris, Payot, 2007, p. 66.

« contenir » son psychisme, de satisfaire ses pulsions obsessionnelles, de les « sublimer ».

Cette interprétation psychanalytique des motivations au travail signifie que nous nous exprimons davantage au travail que ce que nous pensons. Chaque jour, nous nous appliquons à dire qui nous sommes, à relier les différentes parties de notre être afin de pouvoir nous sentir exister. Un tel sens fait défaut et nous voilà en quête, recherchant par tous les moyens une activité professionnelle dans laquelle nous puissions trouver paix intérieure et plaisir.

Cette tension intérieure peut être une formidable motivation pour parvenir à ses fins, une source d'innovation sociale, surtout si l'époque traversée au même moment fournit le terreau favorable à nos ambitions pulsionnelles. Nous le voyons bien avec le cas de Philippine.

Une autre dimension importante dans l'exploration des motivations et freins concerne ces lapsus et oublis qui semblent venir de nulle part, et que l'on gomme immédiatement d'un air gêné en reprenant sa phrase pour y inclure, cette fois-ci, le « bon » mot. Il y a plusieurs types de lapsus. Prenons la phrase : « Hier, j'ai vu un beau bus sur l'autoroute. » Cette phrase peut donner, par interversion : « Hier, j'ai vu l'autoroute sur un beau bus », par anticipation ou empiétement : « Hier, j'ai vu un beautobus », par contamination : « Hier j'ai vu un beau brut... », contraction de « bus » et d'« autoroute », etc. La liste est longue.

Comme le disait Freud, le « bon » mot est le mot initial ! C'est lui qui guide l'interprétation. Le père de la psychanalyse y voyait là un langage de l'inconscient aussi fiable que celui des rêves. Et, en tant que tel, interprétable pour démasquer nos pensées les plus refoulées...

Ainsi Florence, qui me fait remarquer que les femmes, dans sa famille, n'ont droit ni au travail ni à la parole concernant l'argent et les héritages. Elle est la seule à y avoir accès, « puisque je suis une fomme... une femme célibataire et sans enfant ».

Florence serait donc une « fomme »... Eh oui, car les femmes, chez elle, sont toutes mariées et avec une progéniture nombreuse. L'ambition de Florence est de créer sa propre entreprise et elle se demande si elle en est capable, si c'est réaliste. En l'écoutant, je comprends ses questionnements. Une femme n'est pas légitime pour ce projet, mais alors une « fomme » l'est peut-être ?

En poursuivant le travail d'analyse, Florence comprendra que le travail thérapeutique qu'elle a fait durant de longues années lui a permis d'oser exprimer et de verbaliser ce projet qui lui a toujours tenu à cœur. Intégrer sa part féminine et sa part masculine est l'ultime étape d'un cheminement personnel, douloureux et solitaire. « Enfanter » de son projet de création d'entreprise a du sens pour elle. Mais elle se laisse du temps pour « sentir » le bon moment avant de donner sa démission de la société dans laquelle elle travaille depuis vingt ans et enfin se réaliser, sculpter son avenir, tel qu'elle le souhaite et le visualise.

Les différentes approches que nous avons évoquées jusqu'à présent (théories systémique, psychosociale, psychanalytique) s'intègrent toutes dans une dynamique qui explique un parcours professionnel singulier, unique. Prendre en compte à la fois le contexte dans lequel l'individu a été élevé (l'histoire de sa famille) et celui dans lequel il a travaillé (son histoire professionnelle) donne une cohérence et une vision qui facilitent l'accès au sens. C'est un gage de liberté pour l'analysé, qui a rarement l'occasion de réfléchir sur lui-même en tenant compte de ce double aspect privé-professionnel. C'est ce qui rend ce type d'éclairage particulièrement riche et aidant.

Tout s'explique, mais chaque personne a sa propre logique, qu'il reste à découvrir pour mieux saisir ses comportements et sa trajectoire. Et ainsi ouvrir ses perspectives, si tel est son souhait.

Rapport à la hiérarchie : quel rapport à la famille ?

Nous sommes un tout et nous rejouons sans le savoir, et sans cesse, des scènes de défaite ou de victoire, des situations à travers lesquelles nous répétons, selon des schémas qui nous sont propres, des scénarios personnels identiques. En prendre conscience, c'est accéder à un autre niveau de compréhension de soi, d'acceptation aussi, qui peut nous aider à voir clair dans nos comportements et à les changer s'ils ne nous conviennent pas.

Nous l'avons vu, lorsque les prescriptions des parents s'opposent à ce que propose l'environnement, l'individu peut être confronté à un « conflit de loyauté ». Il se trouve alors en difficulté : s'il désobéit à ses parents (en ne respectant pas une des règles fondamentales des valeurs familiales), il va s'en trouver culpabilisé, voire rejeté, et s'il leur obéit (en respectant ces mêmes valeurs), il se met en danger. Ces conflits internes peuvent être un terrain propice au harcèlement dans le cadre du travail, comme nous le montre le triste exemple de Régine.

À 20 ans, après l'obtention d'un BTS en graphisme, Régine trouve un travail dans une petite imprimerie de sa région. L'ambiance lui plaît et elle accepte, à la fin de sa période d'essai, de signer un contrat à durée indéterminée.

Petit à petit, le comportement de son patron change. Lorsqu'il lui demande quelque chose, il lui met la main sur l'épaule. D'abord imperceptiblement, puis de manière plus appuyée.
Au fil des jours, comme Régine n'ose faire de remarque, il s'enhardit et lui prend la main, puis la taille, jusqu'au jour où il lui caresse les fesses. Il agit toujours ainsi lorsque plus personne n'est dans l'atelier. Il demande à Régine de faire des heures supplémentaires sous prétexte qu'elle a été trop lente durant la journée. Celle-ci culpabilise et n'ose protester, mais elle ne dort presque plus, pleure sitôt rentrée chez elle, présente de plus en plus de symptômes dépressifs. À ses parents, à présent, elle dit que « tout va bien », même si elle maigrit à vue d'œil. Un jour, alors qu'elle est si déprimée qu'elle ne peut pas se lever de son lit, elle fait venir un médecin qui l'arrête immédiatement pour plusieurs semaines. Son arrêt maladie durera finalement plusieurs mois. Poussée par son entourage, elle intentera un procès à son patron, qu'elle gagnera.
Régine avait, à l'instar de ses parents, une représentation rigide de la hiérarchie, du patronat : les règles étaient les règles. En outre, elle a toujours entendu son père dire qu'il avait réussi à élever ses cinq enfants parce qu'il s'était montré « honnête et respectueux de la hiérarchie » en toutes circonstances. Pour Régine, c'était à ce prix que l'on réussissait sa vie professionnelle, et elle se sentait redevable à l'égard de son père. Contrer son patron, c'était renier ses parents et tout ce qu'ils lui avaient inculqué, tout ce à quoi ils avaient cru toute leur vie, tout ce qu'ils avaient eux-mêmes reçu de leurs parents ; cela, Régine ne pouvait pas l'envisager, ni même l'imaginer. Être loyale à son patron revenait à l'être envers sa famille, qui s'était tant sacrifiée pour permettre aux cinq enfants d'étudier. Régine a payé cher sa loyauté, et sa prise de conscience a fait évoluer les représentations familiales autour du travail et de l'obéissance aveugle.

Ainsi, contrairement à ce que dit la psychanalyse, la motivation n'est pas seulement liée à une pulsion interne, mais aussi à la recherche d'équité, d'équilibre relationnel.

Le rapport à la hiérarchie peut être également une porte d'entrée pertinente pour détecter une incongruence dans une trajectoire et permettre de poser des hypothèses de « loyautés invisibles » : envers qui ou quelle génération avons-nous une dette ? Un compte à régler ? Un obstacle à dépasser ? L'exemple de Victorine illustre cette problématique.

Victorine vit mal son travail dans une association de spectacle. Elle est responsable administrative et financière, mais depuis peu, un homme vient d'être embauché comme « secrétaire général » et lui grignote petit à petit tout ce qui faisait l'essence de son poste. Victorine ne l'entend pas de cette oreille et se rebiffe régulièrement, ce qui est très mal vu. Elle se trouve bientôt en conflit ouvert avec l'homme en question. Ce qui la trouble, c'est que cela fait plusieurs fois qu'elle fait l'expérience d'un litige avec un supérieur hiérarchique. « Est-ce que c'est moi, finalement ? » me demande-t-elle.

Les principales dates qui ont marqué sa « ligne de vie professionnelle » révèlent en effet divers conflits, qu'elle a eus « dans presque tous mes postes, à bien y regarder », avoue-t-elle, avec un imperceptible sourire que je saisis malgré tout.

Et comme je lui en fais la remarque : « J'ai souri ? Peut-être... Pourtant, ce n'est pas drôle du tout. » Alors, qui s'amuse de tout cela ?

Victorine est issue d'une grande famille de comédiens, danseurs, et feu son grand-père fut le fondateur et propriétaire d'un théâtre parisien. Ses aïeux comptent beaucoup de personnages à la carrure de président, fondateur, directeur...

Les récits de ses « différends » avec sa hiérarchie achèvent de me mettre la puce à l'oreille : Victorine n'aime pas être « commandée », elle entend faire cela elle-même. Cette femme, à l'air à la fois sérieux et affable, est dotée d'un grand charisme, et elle a de qui tenir ! Alors, pourquoi ne pas accepter cette partie d'elle-même ?

Lorsqu'une personne évolue professionnellement, c'est qu'elle a développé une compétence. Mais pas seulement : pour qu'elle puisse bien tenir son nouveau poste, il faut qu'elle accepte d'évoluer, de se voir grandir, et qu'elle souhaite continuer ! Le problème de Victorine venait de ce qu'à la fois elle remettait en question sa hiérarchie de manière pertinente, parce qu'elle en avait les compétences, et refusait implicitement toute responsabilité supplémentaire par peur de ne pas être à la hauteur... de ses prestigieux aïeux, certainement ! Ou bien de « leur laisser toute la place » : « On leur doit tant, dans la famille ! », soupire-t-elle.

Un travail spécifique sur ses « personnages » intérieurs a pu l'aider à renouer avec elle-même, avec sa créativité et un vrai projet artistique, qu'elle réalise aujourd'hui avec son mari, comédien.

Il était une fois les comptes familiaux

La famille est un système et, en tant que tel, il recherche équilibre et cohérence. Son fonctionnement étant régi par des règles logiques, les connaître aide à cerner celles dans lesquelles l'un de ses membres peut se trouver empêtré, notamment, comme l'a souligné Boszormenyi-Nagy dans les années 1950, celles des « chaînes de loyautés et de legs invisibles », qui sont les injonctions provenant de ou des générations précédentes. Bien sûr, l'enfant prend à son compte la demande tacite du parent, sans quoi le scénario ne peut exister. C'est la notion de « décision scénarique », propre à l'analyse transactionnelle : nous « décidons » (de manière inconsciente) notre scénario de vie. À ce moment de notre existence où nous nous construisons et cherchons à donner du sens à ce que nous percevons du monde, nous choisissons ce qui nous apparaît comme étant le plus logique pour satisfaire à la fois nos besoins de reconnaissance et ceux de nos parents. Le métier puis la façon dont on mène sa vie (professionnelle et personnelle) sont l'un comme l'autre des expressions de cette « loyauté invisible », qui actualisent ainsi ce scénario dans la vie d'adulte. L'enfant cherche à satisfaire son parent en trouvant le meilleur compromis possible entre ses désirs propres et ce qui lui est demandé implicitement. Plus précisément même, il doit trouver une astuce qui lui permette d'avoir un projet apte à séduire l'un de ses parents sans aller pour autant contre les désirs de l'autre. La prise de conscience de ces techniques diplomatiques donne du sens aux choix passés et peut être source de « redécisions » professionnelles.

Ronald, après avoir liquidé son entreprise, recherche un emploi, sans succès depuis deux ans. « Je n'ai eu qu'une proposition et c'est une entreprise familiale. Je n'en veux plus. » Quelques années auparavant, justement, il avait refusé de « remonter » l'entreprise de sa propre famille, « car je savais que c'était un vrai sac de nœuds ». Mais la culpabilité étant trop forte, et voyant que même la présence de son frère aîné n'accélérait pas les affaires, il a fini par accepter le poste de directeur financier. « C'était très dur, car mon père était le principal actionnaire et il nous traitait encore comme ses fils. Tout était mélangé, nous n'avions pas d'impact. Et lorsqu'il a finalement cédé, il a écouté mon frère parce que c'était l'aîné – enfin, c'est comme ça que je l'interprète. Et aussi, il est vrai, parce qu'il avait une dette envers lui : il ne s'était jamais occupé de lui lorsqu'il était enfant. Il y avait eu une histoire : mon frère était tombé et mon père, occupé à travailler dans son bureau, ne s'en était pas rendu compte ; ce n'est que lorsque ma mère était rentrée, une demi-heure plus tard, qu'elle avait emmené mon frère à l'hôpital. Oui, à partir de cet incident dramatique, mon père s'était toujours senti coupable. Au niveau de l'entreprise, ça a été la dégringolade, parce que mon frère n'a pas la réalité des affaires dans le sang et il ne regardait pas les comptes. Un an après sa réorganisation, nous devions déposer le bilan. C'est moi qui ai tout fermé, j'ai vu les employés pleurer, certains étaient là depuis trente ans, je les avais toujours connus.

J'ai été accusé de tous les maux par mon père et mon frère, qui n'ont pas reconnu leur part de responsabilité. Actuellement, mon frère ne veut plus me parler et mon père fait une dépression. Ça m'attriste, mais je refuse d'endosser la responsabilité et donc la culpabilité. Pour moi, j'ai fait mon devoir, je devais le faire. Mais tout cela, ce ne sont que des mots : au fond, je vois bien que je n'arrive pas à faire le deuil de toute cette histoire. J'étais chargé de réussir, j'ai raté. Et ça, je ne me le pardonne pas, rien à faire. »

Ronald a pu élaborer et décrire les fonctionnements de sa famille, identifier les relations, dettes et mérites de chacun. Il a pu comprendre, prendre du recul et faire le deuil d'un « sauvetage » idéalisé. Il n'est pas Superman et, aujourd'hui, il a trouvé un poste plus conforme à ses valeurs et à ses ambitions, celui de directeur d'un centre d'aide par le travail. « Ici, les personnes les plus rejetées par leur environnement trouvent une autonomie vis-à-vis de leur famille et ne sont pas obligées de leur demander de l'argent : elles sont indépendantes financièrement. » Pour Ronald, redonner confiance et permettre aux gens de s'affranchir est essentiel.

Grâce à ces « comptes familiaux », une personne peut rétablir un équilibre dans la dynamique familiale. Les logiques de la réciprocité et du don sont au cœur des relations humaines.

Les orientations prises, les métiers exercés peuvent être étudiés sous cet angle d'éthique relationnelle, le donner-recevoir qui engendre mérite, confiance et lien dans le creuset familial. Une sorte d'« abnégation réhabilitatrice ».

« J'ai été professeur de maths, dit Bernadette, parce que mon père voulait que j'exerce ce métier, il voulait que je fasse comme lui. Aujourd'hui à la retraite, je fais enfin ce qui me plaît ! Je lui ai dédié mon dernier jour au lycée. Dans ma tête, je me suis dit : "J'ai fait ce que tu as voulu, maintenant nous sommes quittes. À moi de faire ce qui me plaît !" »

Ce don-là, pour Bernadette, a valeur de lien. Engagée durant toute sa vie professionnelle dans une logique d'échange, elle a donné « clandestinement » à son père, pouvant finalement s'en détacher à la retraite. Les motivations au travail reposent donc bien souvent sur des « fidélités inconscientes ».

Les échecs professionnels qu'on n'explique pas

Les échecs « non explicables » sont également des indices à interroger pour reconsidérer les histoires de famille, comme l'illustre l'exemple suivant :

Rien à faire, Catherine n'arrive pas à réussir son concours d'inspecteur des impôts. Pourtant, cette fille brillante a toujours tout réussi facilement grâce à sa rigueur et à sa volonté. Mais voilà, c'est comme si cela ne suffisait plus. « Cela fait trois fois, vous vous rendez compte ! Et ce n'est pas un concours plus difficile que les autres ! Je travaille, pourquoi ça ne marche pas ? » Je demande à Catherine si cela fait une différence si elle remplace « ça » par « je ». « Pourquoi *je* ne marche pas ? Oui... c'est bien moi qui suis en cause. C'est pour cela que je suis là, pour comprendre, et faire que ça... que *je* marche ! »
Catherine est issue d'une famille de bouchers, dans le nord de la France. « Chez nous, les bouchers, c'est de famille : on l'est tous, les filles comme les garçons. Mais quand on est une fille, on a le droit de s'arrêter. J'ai eu de la chance : j'étais bonne à l'école, alors j'ai pu passer mon bac et faire des études. Il est vrai que je ne concevais pas ma vie autrement. » Catherine est une femme plantureuse, d'une trentaine d'années, habillée sans grande recherche mais soignée. Je perçois son regard derrière

de grandes lunettes qui lui cachent une bonne partie du visage. Excellente élève, elle est surtout bonne en mathématiques et arrive « tout naturellement » à l'inspection des finances, où elle passe le concours pour être fonctionnaire des impôts. « Cela me plaisait bien, je ne sais pas pourquoi. Ça m'est venu par hasard, en regardant une publicité sur la fonction publique dans laquelle ils parlaient des concours. »

En y regardant de plus près, il s'avère qu'il y a eu des malversations dans la famille de Catherine : tel oncle volé par tel cousin, tel cousin qui s'est enfui à l'étranger pour ne pas payer l'Urssaf et dont l'entreprise a dû être mise en liquidation, ruinant du même coup tous les associés qui n'étaient autres que les frères et cousins...

Mais qu'aime donc Catherine dans son travail ? « C'est détecter les fraudes ! Ça, c'est mon boulot ! Je déteste les tricheurs, ceux qui ne veulent pas payer leurs impôts alors qu'ils gagnent de l'argent. J'aime que tout soit en règle, carré. Oui, c'est cela : j'aime que tout soit sans équivoque, clair, net, précis. » Catherine fait avec moi le lien avec son histoire familiale, reconnaît que cette appétence à « traquer le fraudeur » peut venir de là

Mais alors, justement, pourquoi ces ratés dans le concours ? Catherine réalise à ma demande un collage sur sa conception de ce qu'a été pour elle le projet parental, en répondant à la question : « Où en êtes-vous sur ce que vos parents voulaient pour vous ? » Elle y met des livres, un bureau, un homme (son père, sérieux), plusieurs objets liés à la maison, à l'argent (elle est propriétaire), et puis, en bas, le dessin d'une femme très « parisienne » qui tient son sac à main en l'air, et qui fait mine de donner un coup de pied. Son talon aiguille touche... la pile de livres collée un peu plus haut. Bien sûr, Catherine n'a pas fait attention à la pile de livres, c'est juste une « coïncidence » : elle a juste voulu coller ce personnage qui incarne pour elle « la féminité, la frivolité, la légèreté, tout ce que je ne suis pas ». Et il se trouve que, sur sa feuille, « il n'y avait de la place que là ».

Étrange force de l'inconscient.

Le message est clair : au diable les livres ! Catherine, enfin, sort de sa réserve : elle a rencontré un homme il y a quelques mois et, à 30 ans révolus, elle goûte aux plaisirs des sorties, de l'imprévu, elle sort, se distrait... Elle s'est inscrite depuis la rentrée à un club de théâtre, elle s'interroge sur des choses nouvelles : comment se maquiller, se mettre en valeur, prendre soin de son corps ? Exit le concours et ses révisions ! Catherine a envie de vivre. Son ambition, aujourd'hui, est bel et bien là. « Après m'être conformée des années à ce que l'on attendait de moi, j'estime en effet avoir comblé toutes les attentes de mon père et même au-delà ! Alors, maintenant, je vis pour moi. »

En sortant de mon cabinet, Catherine n'est plus sûre de vouloir encore passer ce concours. Elle a compris le sens de ses échecs et doit à présent réfléchir sur ce qu'elle veut pour elle, comment elle envisage son propre développement. Elle souhaite se pencher sur cette question : qu'est-ce que « réussir sa vie de femme » ? Et, d'abord, « qu'est-ce qu'être une femme », pour elle ? Ces questions sont essentielles avant qu'elle puisse envisager de continuer à évoluer dans sa vie professionnelle.

Le travail réalisé a aidé Catherine à sortir d'un conflit de loyauté. Elle a été investie, sans en avoir conscience au moment où son orientation professionnelle s'est jouée, d'une « mission » qui visait certainement à réparer ce que ses parents (son père surtout) n'avaient pas réussi à faire : mettre de l'ordre dans les comptes de la famille. Alors, sa fille, « par hasard », a passé puis réussi le premier concours pour accéder au service des impôts. Ce métier lui a donné de la légitimité et du savoir-faire, et elle réalisait dans la société ce qui aurait dû être fait dans sa famille. Après plusieurs années de service, c'est comme si elle avait accompli sa mission, « payé sa dette » envers son père. Elle s'est donné alors le droit de passer à autre chose, de s'occuper d'elle, après s'être occupée, en quelque sorte, de « réhabiliter » sa famille.

Dans le cas de Catherine, une fois la mission jugée terminée, elle peut vivre pour elle. Mais pour combien de personnes se termine-t-elle à la retraite, ou au décès des parents, voire à leur propre décès ? Et dans combien de cas celle-ci sera transmise à leurs enfants, petits-enfants ? Le travail a bon dos, il permet, mine de rien, de rester dans la lignée familiale, d'assurer un certain équilibre transgénérationnel qui fait qu'un parent peut répondre fièrement : « Mon fils ? Il est... » avant d'annoncer son métier, sa fonction, son entreprise. Et de donner ainsi une image de sa famille à l'extérieur de celle-ci. Image valorisée souvent, édulcorée, laissant peu de place à la réalité vécue : « Mon fils, il fait tel métier car, ainsi, il m'est fidèle, et c'est ce qui me permet de me dire que je suis un bon parent, que j'ai bien accompli mon rôle tel que me l'avaient assigné mes propres parents. »

> Natacha est médecin. Aujourd'hui, elle ne travaille pas car elle élève ses trois enfants. « J'ai aussi, dit-elle, un père très malade que je vais voir presque tous les jours, une mère diabétique, des neveux et nièces pas très en forme... En réalité, si je travaillais, je ne pourrais pas m'occuper d'eux. Je les soigne ! Oui, voilà : je suis le médecin de famille ! »
> En disant cela, Natacha éclate de rire. Il est étrange de voir combien tout cela lui semble « normal », combien elle s'en est accommodée.

La distribution des dettes et des mérites dans une famille (qui se fait de manière implicite le plus souvent) peut impacter les relations et le destin individuel de chacun. Par exemple, ne pas s'acquitter de ses dettes vis-à-vis du grand livre des comptes familial induit une culpabilité existentielle. Cela confère alors à la personne une identité d'« ingrate », voire de « traître ».

La loyauté est l'obligation pour chacun des membres de répondre aux attentes d'ordre relationnel de son groupe familial. Tous sont contraints de participer à l'équilibre des comptes familiaux, mus par la loyauté familiale. Et l'activité professionnelle est un terreau propice pour faire vivre cette « balance des comptes ».

5.

L'impact des émotions dans les choix professionnels

> « Les hommes ne peuvent pas travailler et vivre sans donner du sens à leur action. »
>
> Vincent de Gaulejac

Il y a des familles où l'émotion est acceptée, d'autres où elle est bannie ; des familles où seule la joie est autorisée (la tristesse y est proscrite), d'autres où la colère est interdite. Mais quand l'émotion ne peut sortir en mots, le corps s'en charge avec les maux ; des troubles somatiques peuvent alors apparaître, certaines parties du corps se rigidifier (c'est ce que Wilhelm Reich appelait la « cuirasse musculaire »). L'enfant a tout intérêt à s'accommoder de l'ambiance émotionnelle de la famille s'il veut continuer à y être le bienvenu. Arrivé à l'âge adulte, il a pris des habitudes qu'il continue à faire vivre, même loin de la maison familiale.

Chaque histoire est particulière. Pourtant, chacune d'entre elles est reliée à d'autres, à la nôtre, à celle de quelqu'un que l'on connaît.

L'anesthésie émotionnelle

L'anesthésie émotionnelle – on parle aussi d'« alexithymie » – se définit comme une incapacité à identifier, communiquer ce que l'on ressent, à une tendance à tout intellectualiser et à peu imaginer. C'est une difficulté beaucoup plus répandue qu'on ne le pense, et le monde du travail encourage cette rationalité, cette « objectivité ». Les manifestations d'émotions sont généralement considérées d'un air suspect, comme s'il était malvenu de les exprimer (les gens essaient de ne pas « craquer » au travail mais dans un environnement plus protégé où ils se sentent acceptés et compris).

Peut-être vous sentirez-vous proche de Renée et de ses atermoiements avant qu'elle puisse, enfin, trouver sa « voie » et prendre une « vraie » décision : la sienne. Cette émancipation n'a été possible qu'à la suite d'un long travail personnel en collaboration avec sa thérapeute.

Renée, qui vit dans un petit village du sud de la France, est issue d'une famille nombreuse, ses parents ayant chacun huit frères et sœurs. Beaucoup d'enfants sont morts dans cette famille, à la suite de fausses couches, à la naissance ou de mort subite du nourrisson. Sa mère a perdu quatre bébés sur six : Renée n'a qu'un frère survivant, plus jeune qu'elle de dix ans.
Renée parle de son enfance triste, passée à être vigilante pour ne pas faire de bruit, afin de ne pas déranger une mère dépressive qui vivait en robe de chambre. Elle parle aussi beaucoup de la mort : la mort ambiante omniprésente, dans l'atmosphère, les humeurs, les couleurs... Elle parle aussi de Mai 1968 : « Nous vivions en communauté. Nous cultivions notre jardin, récoltions et mangions nos fruits et légumes. Il n'y avait pas de règles : tout appartenait à tout le monde, pas de chambre attitrée, pas de jouet personnel, tous les adultes avaient une auto-

rité sur tous les enfants, même si on savait très bien qui étaient nos parents. »

Renée en a récolté une grande soif de règles, de repères, et suit une psychothérapie depuis trois ans à Marseille. Elle vient me voir sur les conseils de sa thérapeute qui espère, avec mon aide, débloquer sa situation professionnelle : assistante sociale, elle ne supporte plus son métier. « Je ne l'ai jamais aimé », dit-elle. Mais qu'aime-t-elle ? La réponse revient, telle une rengaine : « Je ne sais pas. J'aime bien la nature, voilà pourquoi j'habite en province. Mais pas assez pour en faire un métier. En réalité, qu'est-ce qui pourrait me plaire au point de le faire huit heures par jour, ça, je n'en sais rien. » Un test permet d'identifier un centre d'intérêt particulier pour les sciences naturelles. « Qu'est-ce qui vous attire, là-dedans ? » Renée semble enthousiaste : « C'est étudier le monde du vivant ! » En prononçant ces mots, Renée s'arrête et reste plusieurs secondes interloquée par ce qu'elle vient de dire. « Le monde du vivant... Vous vous rendez compte... Moi qui vivais dans cette ambiance de mort... »

Cependant les blocages ressurgissent rapidement, de nouveau le trou noir. Renée ne trouve pas, rejette les possibilités une à une, avec un esprit très rationnel, très méthodique : ça, ce n'est pas possible avec les horaires de travail, car elle veut des enfants, et ça pas possible non plus, pas d'école dans son coin, et ça non plus, et d'ailleurs, elle ne se voit pas pratiquer ce métier, et celui-ci, bof, finalement, elle ne se projette pas dans cette voie, et ça, oui, peut-être, mais au fond, elle n'est pas très sûre que cela lui plairait toute une vie, car un métier, c'est toute une vie, n'est-ce pas ? Non, non, décidément, aucun métier ne lui correspond. Est-elle condamnée toute sa vie à rester assistante sociale ? « Je suis désespérée, me dit-elle un jour, jamais, jamais je ne pourrai faire ce qui me plaît, car jamais je ne trouverai. »

Enfant, Renée a appris à survivre psychologiquement en contrôlant son environnement avec sa « tête » : ce qu'elle ne comprend pas, elle se l'explique ; ce qu'elle ne s'explique pas, elle le combat, lit, cherche, rationalise à outrance, et finit par trouver une explication à tout. Cette façon d'être la rassure, l'aide à trouver du sens dans une existence dénuée de normes, de règles et de frontières. Mais du coup, elle laisse tomber son intuition et ses sensations, en mettant toute son énergie au service de sa pensée et de ses raisonnements.

Ainsi, au bout de quelques séances, j'en conclus que continuer à explorer avec elle sur un mode rationnel ne fait que renforcer ses défenses, sans l'aider à trouver ce qu'elle recherche : un intérêt, une passion, une vraie voie. Avec l'aide de sa psychothérapeute, je l'incite à changer de direction et à développer le contact avec ses sensations corporelles, afin qu'elle puisse véritablement sentir où le désir et le plaisir se posent dans le corps. Munie de ses nouveaux atouts, elle pourra sans doute être davantage rassurée dans la direction choisie.

Certes, cela a pris plusieurs mois et une grossesse avant qu'elle puisse revenir me voir, pour étudier le fruit de son enquête intérieure, qu'elle avait laissé tomber « faute de goût et d'envie ». Les sensations retrouvées, et la naissance de son fils aidant, Renée a découvert le contact avec ses vrais désirs. « Je veux être sage-femme », a-t-elle finalement affirmé. Un métier qui a du sens, au regard de son histoire familiale, et qui, conjugué à sa « passion du vivant », la biologie et la médecine, prend le visage d'une véritable vocation.

Renée, en aidant chaque jour une femme à enfanter, a donné ainsi une direction forte à ses actes professionnels, l'aidant du même coup à vivre et aplanissant certaines de ses angoisses liées aux deuils vécus dans sa famille.

L'anesthésie émotionnelle est une forme de défense qui rend la vie grise, qui en enlève les couleurs. L'adaptation aux besoins des parents mène souvent (mais pas toujours) au développement de ce que Donald Winnicott a décrit sous le nom de « faux soi » : la personne concernée a alors tellement intégré le désir de ses parents qu'elle n'a plus accès aux siens propres.

Émotions et difficultés managériales

Dans certaines situations, il arrive parfois qu'un « trou noir » fasse place à des ressentis qui s'avéreraient pourtant des guides utiles pour résoudre un problème et éviter une situation conflictuelle. Ce phénomène constitue un signal important à décrypter pour remonter jusqu'au traumatisme originel : qu'a-t-on voulu oublier à tout prix ? L'exemple suivant nous montre jusqu'où peut aller le refoulement émotionnel et les conséquences de celui-ci dans une relation hiérarchique.

Carole est accusée de harcèlement moral par l'une de ses collaboratrices. « Pourtant, dit cette femme de 40 ans à l'air doux, je ne fais que lui expliquer ce qu'elle a à faire. » Carole ne comprend pas ce qui lui arrive : elle est gentille, patiente, mais parfois, il est vrai, « je perds un peu de mon calme car j'ai beau répéter, répéter, dans mon service, c'est comme s'ils ne comprenaient pas ce qui est à faire. Je vous le dis : en réalité, c'est moi qui suis harcelée… de questions, toujours les mêmes ! »
Le génogramme de Carole rend compte de deux situations similaires chez son père comme chez sa mère. Fils d'immigrés italiens tous les deux, leurs parents ont été répudiés par leurs familles respectives lorsqu'ils ont voulu rentrer au pays. Lapidés pour les uns, ignorés pour les autres, l'une des grands-mères de Carole est morte de chagrin, son mari de la suite de ses blessures – « et personne n'a rien avoué à la police. D'ailleurs, peut-être même que cette dernière était au courant ». Du côté maternel, une rupture durable s'est instaurée à tel point que Carole ignore tout d'eux : oncles, tantes, cousins, cousines, tous ont été enterrés sous le sceau du silence. « Mais vous croyez que cela a un lien avec ce que je vis au travail ? Parce que c'est comme ça chez nous : tu es comme eux ou tu meurs. On te fait la peau. D'ailleurs, avant que ma mère ne rentre en Italie, on l'avait prévenue : "On va te faire la peau." Et du reste… » Carole s'arrête. Elle marque un temps, réfléchit. « C'est ce que m'a dit

ma collaboratrice, l'autre jour, discrètement, à la sortie de la réunion : "On va te faire la peau." J'ai eu très peur. Une impression inexplicable de déjà-vu. Cela viendrait-il de là ? » On ne peut en être sûr. Mais c'est probable. Carole, certainement, revit à un autre niveau ce qu'ont vécu ses grands-parents.

Des bribes de l'événement traumatique sont présentes et donnent une impression de déjà-vu (« On te fera la peau »), mais ne sont pas reliées au présent : c'est comme si Carole était privée d'une partie de ses « antennes émotionnelles » ; elle ne peut donc agir efficacement sur ce qui lui pose problème. Il lui est impossible de faire la différence, au travail, entre une situation où elle doit aider ou dire stop. C'est un grave handicap si l'on doit manager une équipe, comme c'est le cas de Carole. La jeune femme prend peu à peu conscience du parallèle entre les problèmes qu'elle rencontre dans sa vie professionnelle et les secrets liés au retour de ses grands-parents dans leur région natale. Le travail thérapeutique lui permet de revisiter émotionnellement ces traumatismes pour s'en débarrasser et évoluer différemment dans sa vie professionnelle.

La chercheuse russe Bluma Zeigarnik a montré que l'on se remémore plus facilement les tâches inachevées que celles dites « achevées ». Ainsi, que ce soit dans notre vie ou dans la vie d'un de nos ancêtres, une action inaboutie va être ressassée, revécue inlassablement comme pour tenter, chaque fois, de la revivre et de finir par la surmonter. Tout se passe comme si on ne pouvait trouver la paix intérieure tant qu'on ne lâchait pas prise et que l'on vivait donc coincé dans le passé. Faire des liens entre les difficultés actuelles et ces deuils inaccomplis, ces histoires non terminées, aide les personnes à envisager de pouvoir vivre autrement et à passer à autre chose. L'« effet Zeigarnik » peut s'appliquer à toutes ces tâches restées en suspens, c'est-à-dire à toutes les situations qui n'ont pas trouvé de fin appropriée (comme dans le cas de mort brutale). Les nommer, en parler, peut faire partie du travail de réparation et de restauration de soi.

Alice Miller[1] parle du sentiment d'abandon de la petite enfance, pour lequel plusieurs mécanismes de défense peuvent être mobilisés, dont l'« intellectualisation » (celui de Renée que nous avons évoquée plus haut), qui offre une protection très sûre. Ce rempart contre les situations refoulées à l'origine des blocages émotionnels ressurgit en thérapie, lorsque la confiance est installée depuis un certain temps. Ce sont eux qui gênent ou empêchent l'accès au désir, au « sentir », si précieux pour avoir accès au plaisir. Souvent, ces personnes travaillent par obligation, sans joie, et c'est justement ce qui les mine. Dans ce contexte, trouver ce qui leur plaît est un chemin au cœur duquel l'accès aux émotions doit être réhabilité. L'émotion rend la vie, elle crée du lien entre les êtres : sans émotion, pas de lien vrai, authentique.

Liens d'inclusion et liens d'ouverture

Pour ressentir puis exprimer une émotion, il faut être ouvert à soi-même. C'est à cette condition que vous pouvez dire à autrui que vous l'aimez, qu'il est important pour vous. Si vous ne sentez rien en effet, comment en parler, puisqu'il n'y a rien à exprimer ? Virgil, professeur et comédien, cherche d'un côté à sortir d'une vie « grise » en exprimant ses dons artistiques, et d'un autre souffre d'une absence de lien authentique et fort avec sa famille... comme d'une absence de réseau professionnel. La culpabilité de prendre plaisir au travail est également l'un des nœuds de sa difficulté à trouver sa place dans son métier.

1. Alice Miller, *Le Drame de l'enfant doué*, Paris, PUF, 1983.

Virgil souhaite comprendre un fort sentiment de culpabilité qui le tenaille depuis qu'il est comédien, c'est-à-dire depuis quelques années. Il est également professeur d'anglais pour adultes mais souhaiterait consacrer plus de temps à son travail d'acteur et, surtout, qu'il lui rapporte plus d'argent, de quoi vivre. Or, ce n'est pas le cas.

Bien sûr, il n'est pas toujours facile pour un artiste de vivre de ses talents ; du reste, beaucoup des confrères de Virgil « galèrent ». Mais ce dernier a de longues années de psychothérapie derrière lui et il sait bien que ces raisons ne sont que des excuses pour ne pas affronter le vrai problème : ce que signifie réellement ce travail pour lui. Pourquoi y est-il « venu » à 40 ans ? Pourquoi est-il si central dans sa vie professionnelle, déjà bien entamée « et heureuse », précise-t-il ?

La première réponse qui lui vient à l'esprit est : « Mais ce n'est pas un travail, ça, comédien ! Ça n'est pas un vrai métier, pensez donc : s'amuser ! Jouer la comédie ! » Puis il rectifie : « Ça, je sais, c'est la voix de ma famille. » Bien. Alors, quelle est la deuxième « voix » ? « La deuxième voix, confie Virgil, me dit : "Tu n'as pas le droit, tu ne devrais pas. Cela ne se fait pas de s'amuser pendant que d'autres triment comme des bêtes." » Et en substance, il ajoute : « C'est comme une interdiction. Tout sauf ça. Et pourtant, tout au fond de moi, je me dis que ce métier, c'est la liberté. De la liberté pure. Un bonheur absolu. »

Virgil se plaint aussi de solitude, de ne pas avoir de liens forts avec les gens de ce métier (« ni même en général », précisera-t-il ensuite), alors qu'il se sait doué. Il pense que cette réserve l'empêche de se faire connaître et donc d'avoir des contrats.

Lorsque nous évoquons son enfance, la signification de ses difficultés lui paraît claire : l'absence de parole parmi les siens a fortement pesé sur lui, benjamin d'une fratrie de cinq, vingt ans plus jeune que son frère aîné. Rien n'était dit ni expliqué. En racontant l'histoire de sa famille, il réalise qu'il ignore beaucoup de choses sur beaucoup de gens. Ainsi, il prend conscience qu'il a, de fait, du mal à « se raconter », et établit alors un lien avec son désir d'être comédien, sa culpabilité, ses difficultés à se rendre visible et à en vivre décemment comme il le souhaiterait.

Will Schutz[1] distingue deux façons de rentrer en lien avec autrui : par « inclusion » et par « ouverture ». L'inclusion permet d'entretenir des rapports relativement superficiels, propices aux réseaux, connaissances, interactions diverses, et n'ayant pour autre but que d'appartenir à un groupe, se sentir « dedans ». L'ouverture, quant à elle, est la révélation de soi sans tabou ni frein, génératrice d'une relation de confiance, honnête et sincère. L'inclusion vient en général avant l'ouverture, sinon cela signifie qu'on oublie de se protéger. Une juste mesure est en effet nécessaire : on crée d'abord un lien superficiel pour intégrer des réseaux sociaux, puis on s'ouvre à l'autre pour renforcer ce lien, ce qui mène à l'amitié et à l'amour. Voilà pourquoi, souvent, nous n'avons que quelques véritables amis et beaucoup de connaissances. L'écart vient de cette différence dans l'ouverture.

Ainsi, la force des émotions refoulées dans la vie affective vécue au sein de la famille prend plus de sens lorsqu'on cherche à comprendre une trajectoire et ses blocages que l'explication des « filières bouchées » ou pas. Car comédien, c'est « bouché », tout le monde vous le dira. Faire la différence entre un fantasme et une réalité est une chose, exprimer son désir et agir en conséquence, avec réalisme, en est une autre. Ainsi, des propos tels que « Je n'ai pas fait tel métier parce que c'était bouché » ou bien « J'ai raté trois fois ce concours à seulement quelques points, je n'ai pas eu de chance » peuvent revêtir toutes sortes de justifications, mais il est bien évident que, dans la logique qui est la nôtre, aucune ne nous intéresse vraiment ! Que veut dire le « c' » dans l'affirmation « C'est bouché » ? Le « c' », c'est

1. Will SCHUTZ, *L'Élément humain*, Paris, InterÉditions, 2006.

toute notre histoire ! Et où rangeons-nous le plus souvent notre désir, lorsqu'on a 18 ans, et que le moment est venu de choisir une orientation ? Sur la table, si nos parents nous prennent au sérieux depuis notre enfance, dans un tiroir, s'ils ne sont pas d'accord avec nos choix et qu'il n'est pas possible d'en discuter, aux oubliettes enfin, si nous avons appris à anesthésier nos élans affectifs au profit de la rationalité et de la « raison ».

Évoluer dans sa vision du monde grâce aux émotions authentiques

Dans l'exemple qui va suivre, Simone retrouve du sens à sa vie à partir du moment où elle commence à ressentir ses vrais désirs, autrefois étouffés par celui de son père. De là, toute sa vision du monde évoluera, son regard sur ses parents, le monde, la vie, le travail.

Simone a 31 ans. Mariée depuis trois ans, mère d'une petite Anne, enceinte de son deuxième enfant, elle mène une vie en apparence tranquille, heureuse.

Après un parcours scolaire sans faute, elle cale sur ses études supérieures. Bon an, mal an, elle réussit une maîtrise de finances et se fait embaucher dans une banque. Très vite, elle s'essouffle, se sent démotivée malgré les perspectives de promotion et finit par démissionner. Au fil des années, alternant des jobs qu'elle qualifie de « sans intérêt » et plusieurs fausses couches, elle sent que « la vie lui échappe ». Elle ne sait plus ce qui l'intéresse, ni quelle voie prendre, se sent perdue.

Le travail d'écoute me permet rapidement de saisir l'attachement aveugle qui liait Simone à son père. Rien qui ne passe par lui, rien qui ne lui soit soumis pour avis, aucun de ses conseils qui ne soit suivi. Jusqu'au jour où, dans des circonstances particulières – Simone n'était pas joignable pendant vingt-quatre heures –, il omet de la prévenir de la mort subite de son grand-père et de son départ précipité pour le Portugal. À partir de ce moment, sa vie s'écroule, quelque chose de profond se casse. Elle ne peut plus se passer d'antidépresseurs, fait quatre fausses couches à la suite, va d'échec professionnel en échec professionnel.

Lorsque Simone parle de sa mère, c'est pour dire combien elle se sent différente d'elle, ne souhaite pas lui ressembler, « elle est l'antithèse de la femme libre », me dit-elle en substance.

Le premier pas pour elle sera de reconnaître cet « abandon », cette trahison de son père, et de le relier à sa trajectoire, afin d'en trouver le sens et de comprendre le poids de ses décisions dans son parcours. Simone l'ayant vécu comme un véritable traumatisme, elle suit depuis quelque temps des séances d'EMDR[1]. Ainsi, elle a suffisamment de soutien pour oser remettre en question ses représentations et s'affirmer différemment en tant que femme dans sa richesse émotionnelle : elle ose affronter son père, le confronter sur tous ces événements douloureux.

Après avoir dessiné son génogramme, Simone avoue qu'elle est très en colère : quelle famille impossible, quel poids toute cette ambiance feutrée, ces obligations de « bien se comporter », d'être conforme à ce qui est demandé, cette absence de fantaisie – elle qui aime tant la liberté, la musique et le chant.

Simone devra accepter de « détrôner » ce père tout-puissant qui décidait de tout pour toute la famille, entre autres de l'orientation de ses filles. Elle devra admettre qu'il a eu tort. Qu'il s'y est mal pris avec elle. Qu'il ne l'a à aucun moment ni écoutée ni encouragée. Ce renoncement la fera passer par une phase de colère : « Pourquoi m'a-t-il imposé ces études sans jamais vouloir prendre en compte mes désirs ? Cela m'a rendue si malheureuse au travail, si dépourvue de raison d'y aller, de me réjouir, d'y prendre plaisir. Et j'ai gâché toutes ces années à chercher, malgré tout, un intérêt à grimper toujours plus haut alors que ça ne m'intéressait pas, à m'épuiser, à me nier ! » Cette colère,

1. *Eye Movement Desensitization and Reprocessing.* Cette méthode a été introduite en France par le psychiatre David Servan-Schreiber. Il en parle notamment dans son livre *Guérir* (Robert Laffont, 2003).

ces colères sont salvatrices pour Simone, qui se sent accueillie pour la première fois dans la légitimité de ses émotions.
La déception est à la hauteur de la confiance absolue et de l'admiration que Simone vouait à son père et qui l'ont conduite à le suivre aveuglément toute sa jeunesse.
À présent, Simone regarde sa mère sous un autre angle : celui d'une femme immigrée portugaise qui, pour faciliter l'intégration de sa fille, lui donne un prénom « bien français », de surcroît celui d'une femme libre rimant avec Beauvoir ou Signoret. « Et moi qui l'ai assimilé si souvent à "Simone Bobonne, la boniche", comme ma mère qui faisait les ménages !, avoue-t-elle. En réalité, c'était grand, ce prénom, et moi, je n'ai vu que son côté petit, que ce qui me rapetissait. »
Sa deuxième grossesse sera confirmée et se passera très bien. « Je veux tout, conclura-t-elle. Une vie professionnelle intéressante, une vie de mère présente, l'expression artistique à travers l'appartenance à un groupe de musique, une vraie vie de femme. Oui, je veux tout, c'est possible et j'en suis fière. »

Une relecture de son histoire familiale, et notamment la remémoration de la vie d'un de ses aïeux, aidera Simone à débloquer des énergies refoulées. Après une période de dépression, elle se reconstruira petit à petit, en apprenant à reconnaître ses désirs, en se faisant plaisir, puis elle choisira une formation pour se reconvertir.

Faire le deuil d'un certain idéal familial est utile pour « atterrir », accepter qui l'on est et vivre enfin comme on le souhaite : la levée de non-dits et, plus encore, de secrets de famille est un facteur important dans le processus d'affirmation de soi, de différenciation, qui aide à se positionner, à mieux sentir sa propre réalité.

Le poids des secrets de famille

Un secret, confirme Tisseron[1], « porte à la fois sur un contenu qui est caché et sur un interdit de dire et même de comprendre qu'il puisse y avoir, dans une famille, quelque chose qui fasse l'objet d'un secret [...]. Ces événements n'ont pas reçu de mise en forme verbale, mais ils ont toujours été partiellement symbolisés sous la forme de gestes et d'attitudes [comme] des silences ou des propos énigmatiques, des pleurs ou des colères sans motif apparent, totalement incompréhensibles pour [les] enfants ». Il en résulte une perte de confiance en soi.

En outre, l'interdiction de dire la vérité est une injonction très forte et entraîne toute une série de mensonges entre les membres d'une même famille : on fait semblant que rien n'a jamais existé. Cela installe de « fausses relations » et empêche chacun des protagonistes d'exister comme il le souhaite, de prendre pleinement sa place.

C'est ainsi que nous pouvons comprendre l'histoire de Marylou qui, de mensonge en mensonge, finit par avoir des sautes d'humeur inexpliquées, signes de son impatience et surtout de son incapacité à exprimer la vérité de ses ressentis. La levée d'un secret de famille l'aidera à fluidifier cette parole restée trop longtemps enfouie.

Marylou est assistante commerciale dans une grosse société publicitaire. Timide et effacée, elle respecte strictement les consignes qu'on lui donne et est réputée pour être une femme fiable et compétente. Mais son problème réside en ce qu'elle n'ose pas dire ce qui la dérange, ou ce dont elle a besoin, auquel cas elle se renfrogne et devient mal aimable. Consciente de ce

1. Serge TISSERON, « Le poids des secrets de famille », *Sciences humaines*, hors-série, n° 36, 2e trimestre 2002.

processus qui handicape sa progression, elle vient me voir dans l'espoir de pouvoir s'exprimer sur un mode non agressif (c'est-à-dire sympathique) lorsqu'elle n'est pas d'accord : bref, elle souhaite s'affirmer, ne plus passer pour une gentille fille effacée, mais qui parfois « pète un plomb, ce qui étonne tout le monde ».
Nous arrivons très vite à l'évocation de son père qui, après son divorce, s'est remarié et a eu une fille, Ziane, mais sans jamais l'évoquer avec Marylou. Or celle-ci a eu connaissance de l'existence de cette demi-sœur quand son père a divorcé une deuxième fois et que son ex-belle-mère le lui a dit. Ziane connaît l'existence de Marylou, mais cette dernière est censée n'être au courant de rien, si bien que personne, ni elle ni son père, n'évoque cela. « Mon père rentrerait dans une colère terrible », se plaint Marylou, pour justifier son silence. Ses propres enfants n'ont pas été informés de l'histoire.
La levée de ce secret va permettre à la parole de circuler de nouveau librement et Marylou, elle-même divorcée, pourra mettre un terme à la relation qui l'unissait à son ex-mari qui continuait à gérer ses impôts et était son confident. Elle pourra s'affranchir de son père en lui disant ce qu'elle avait sur le cœur. Ce sera un grand soulagement pour elle de retrouver un bon niveau de complicité avec ses enfants, auprès desquels elle se sentait coupable.
Du coup, l'affirmation d'elle-même au travail est venue naturellement : n'ayant plus peur de son père, elle n'a plus eu peur ni de ses chefs ni de ses collègues (elle redoutait toujours de « dire un mot plus haut que l'autre ») et la facilité s'est installée petit à petit dans sa vie. « C'est magique, dira-t-elle enfin, finalement, tout cela m'oppressait. »

Le manque d'affirmation de soi est souvent lié à une peur de dire des choses qui existent, une difficulté à parler de la réalité, et sert à protéger… mais qui, et quoi, dans sa famille ?

L'échec scolaire peut aussi être en lien avec les secrets de famille : c'est l'interdiction de savoir au sens large. Cette censure peut se traduire sur la scolarité par un surinvestissement ou au contraire un blocage, un refus de l'école : tout dépend de la décision inconsciente que prendra la personne qui vit ce silence, et tout dépend du secret.

Lorsque l'enfant n'apprend rien, reste imperméable, c'est comme s'il avait généralisé l'information « Tu ne dois pas savoir » à tout le savoir en général. Cela n'a aucun rapport avec le milieu social, car les spirales d'échec peuvent également se retrouver dans les familles bénéficiant de confortables revenus économiques. Or, pour un jeune, accepter de maintenir le tabou revient à faire sienne l'hypocrisie familiale. Alors, il bloque tout. D'ailleurs, l'échec scolaire n'est pas, en général, le seul symptôme : toxicomanie, alcoolisme, délinquance, délits divers peuvent venir compléter le tableau. La prison est-elle dans ce cas une réponse plus appropriée qu'une thérapie familiale ? On peut se permettre d'en douter fortement…

Pour qu'un enfant puisse apprendre, le préalable est qu'il reconnaisse que l'adulte en est lui-même capable, tout comme d'intégrer ce savoir, ces informations nouvelles, à l'ensemble de sa personnalité. Apprendre transforme, en ce sens que l'on n'est plus le même quand on sait. L'enrichissement intérieur généré par l'apprentissage peut être dérangeant pour un enfant ou un jeune qui a reçu l'injonction de ne pas savoir à cause notamment d'un secret de famille grave. À un moment donné, il se bloquera, il refusera d'apprendre, et plus rien ne rentrera. Il peut même devenir perturbateur en classe.

À l'inverse, lorsque des enfants ont une scolarité exemplaire, c'est sûrement parce qu'il existe cette capacité à dire, à verbaliser omniprésente dans leur famille : pas de sujet qui ne puisse être abordé en toute transparence, dans la mesure, bien sûr, où celle-ci n'est pas nuisible au développement de l'enfant, sa maturité entrant ici en ligne de compte. Mais, on l'aura compris, la parole, pour reprendre les propos de Françoise Dolto, est toujours la meilleure réparation[1], car « l'homme est un être de parole ».

Les coïncidences sont parfois le signe que quelque chose cherche à se « boucler », à se réaliser. Imber-Black[2] relate à ce sujet l'histoire de Madeleine Albright : en 1997, celle-ci, alors qu'elle venait d'être nommée Secrétaire d'État, découvre son origine juive. Ses parents s'étaient convertis au christianisme pendant la Seconde Guerre mondiale et n'avaient rien dit sur la mort des grands-parents juifs tchèques dans les camps de concentration. Jamais elle ne s'était doutée de quoi que ce soit. En revanche, quand elle avait choisi de se lancer dans des études d'histoire, elle s'était spécialisée, *comme par hasard,* dans l'histoire de l'Europe centrale qui renfermait le secret de sa famille. Selon Imber-Black, « la combinaison spéciale d'injonctions familiales (ne pas poser de questions, croire ce qu'on lui dit) et de choix de carrière a fait d'elle une historienne avec un regard particulier ».

Cette attirance irrésistible pour l'histoire de cette région du monde peut-elle être prise pour une coïncidence ? Elle y ressemble, mais en réalité, elle permet à l'individu de « rassembler les morceaux » de lui-même, de se sentir sur la bonne voie, et d'apaiser son feu intérieur dont il ne comprend exactement l'origine. Encore une fois, nous pouvons nous interroger sur le sens du mot « vocation »...

1. J'ai maintes fois pu constater, dans les stages que je propose sur l'estime de soi et l'histoire de vie notamment, que des personnes, en très peu de temps, sur la base de la confiance s'installant petit à petit dans le groupe, arrivent à dire des choses très intimes sur elles-mêmes. L'effet, souvent cathartique, amène à de profondes et durables transformations intérieures.

2. Evan IMBER-BLACK, *Le Poids des secrets de famille*, *op. cit.*

6.

Le contexte familial et ses règles implicites

> « La croyance que rien ne change provient soit d'une mauvaise vue, soit d'une mauvaise foi. La première se corrige, la seconde se combat. »
>
> Friedrich Nietzsche

L'orientation commence dans la famille parce que celle-ci est le premier endroit au monde où l'individu en devenir apprend tout du « Comment vivre sur cette terre ? » Et cette question en suscite mille autres !

C'est au sein de nos familles que nous apprenons comment être, réagir, exprimer nos émotions, parler des étrangers, échanger entre adultes, entre générations, évoquer son travail, monopoliser ou pas la conversation... Pour être « admis », l'enfant doit se montrer conforme à ce qu'on attend de lui. Au niveau inconscient et implicite, bien sûr. Un parent ne dit pas : « Il n'y a qu'un seul domaine où tu peux réussir mieux que moi : le sport » ou : « Tu dois rester près de ta mère toute ta vie ». Surtout s'il n'en a pas conscience ! Inversement, un enfant ne peut pas dire : « Je me sacrifierai pour vous rester fidèle » ou encore : « Je ne trouverai ma place qu'auprès de vous » ou bien encore : « J'échouerai malgré vous ». C'est en général l'inverse que l'on entend.

Pourtant, lorsque des événements marquants sont occultés, non verbalisés, voire niés, le travail apparaît comme un exutoire, un endroit où les tensions intérieures s'apaisent, où les émotions se tassent... et où un bien-être apparaît.

On peut faire le même métier que ses parents et le faire pour des motivations qui n'ont rien à voir avec les leurs ; on peut avoir les mêmes motivations et faire un métier différent de ses parents. Ce qui compte, c'est l'investissement que l'on met dans son travail, le plaisir que l'on y trouve, le sens qui s'y révèle chaque jour : sommes-nous heureux de le faire ? Cela a-t-il un sens au regard de qui nous sommes ? Ou, au contraire, sommes-nous dans la contrainte, la souffrance quotidienne ? Quel a été notre parcours familial et personnel pour en arriver à ce point ? Quelles sont nos options pour en sortir ?

La famille et l'inconscient

Certains psychanalystes spécialisés dans l'étude des généalogies parlent d'« appareil psychique familial » pour désigner la formation psychique commune aux membres d'une même lignée : une sorte de « pot commun des inconscients » qui contiendrait à la fois les héritages transgénérationnels et les psychismes individuels. Ce creuset constituerait une sorte de « tissu enveloppant », inconscient et invisible, préexistant à la naissance de chaque membre du clan et lui assurant une place immuable. Comme l'inconscient se transmet sans que l'on puisse rien y faire (et surtout si l'on ne fait rien), les processus se répètent, de génération en génération, parfois en s'amplifiant. Dans tous les cas, cela explique en partie ces « copiés-collés » remarquables que l'on observe à la lecture d'un génogramme.

Une famille est davantage qu'une collection d'individus. Comme tout groupe, elle a son histoire, fondée sur la rencontre de deux personnes, sa dynamique, sa relation spécifique à l'environnement, ses buts.

En tant que système, une famille répond au principe d'homéostasie, c'est-à-dire à un faisceau de forces qui maintient le système en place. C'est au nom de ce principe que les thérapeutes familiaux parlent du phénomène de « patient désigné ». La source de ce courant thérapeutique repose sur l'observation de certaines généalogies dans lesquelles l'un des membres vient consulter à cause d'une souffrance psychique forte (dépression, angoisses...). Or l'étude de ces patients a montré maintes fois que lorsque celui-ci va mieux, une autre personne de la famille consulte pour un autre symptôme. Tout se passe comme si, pour que le système « tienne », il fallait un malade. Ce système ne se réduit pas aux membres parents-enfants mais inclut tous les individus apparentés, plus ou moins éloignés, visibles lorsqu'on représente le génogramme, et qui forgent l'histoire actuelle de cette lignée. C'est ainsi que certains psychanalystes ont commencé à travailler différemment, en mettant l'accent non pas uniquement sur la vie intrapsychique de leurs patients, mais également sur la dynamique familiale dans laquelle ils s'inscrivent. Cette dernière aide à repérer les points d'orgue qui peuvent être le nid de blocages à tous niveaux et se répercuter sur leur estime d'eux-mêmes, leur vie intime, sociale ou leur travail.

L'absence de repères dans les rôles, soit l'indifférenciation des générations dans les actes de la vie quotidienne, a des conséquences certaines sur les relations ultérieures que l'enfant, devenu adulte, aura au sein d'un système – une entreprise, par exemple. Quelqu'un qui n'a pu obtenir de reconnaissance parmi les siens, ou qui a pris en charge la détresse d'un parent trop jeune, risque de se retrouver dans une situation professionnelle où il retrouvera les mêmes problèmes de reconnaissance et d'absence de frontières vis-à-vis de son patron, de ses collègues.

> C'est le cas d'Hervé qui ne parvient pas à se débarrasser de sa casquette de « sauveur ». « Je suis tout le temps empêtré dans des histoires qui ne me concernent pas, mais qui me touchent car je les trouve injustes. Je joue à Zorro, et je ne m'en rends compte qu'après, bien souvent. Par exemple, la dernière fois, c'était lors d'une réunion où un de mes collègues a ouvertement dénigré une jeune stagiaire qui posait une question. Cela ne me regardait pas et pourtant j'ai pris sa défense de manière si véhémente que j'ai été convoqué par mon chef, à la demande de ce collègue, qui m'a ordonné de changer d'attitude. Pourtant, je ne peux pas laisser faire des choses comme ça devant moi, qu'en pensez-vous ? »

Hervé n'a pas conscience que ces règlements de compte le desservent, puisqu'il se dit prêt à recommencer. Ne pas supporter l'injustice, c'est souvent l'avoir subie soi-même. Pour lui, un seul comportement est possible face à l'injustice : voler au secours de l'autre, sans lui demander au préalable s'il en ressent le besoin, et en répétant toujours les mêmes schémas. Pour lui, l'autre, quel qu'il soit, a besoin de son soutien. De toute évidence, c'est lié à son histoire : Hervé se mettait souvent entre son père et sa mère pour éviter que celle-ci ne prenne des coups. La dynamique inconsciente de la famille était la suivante : sa mère victime, son père persécuteur, et lui-même sauveur. Hervé a tellement ancré ce comportement en lui qu'il le reproduit spontanément dans toutes ses relations, y compris professionnelles. Il ne peut progresser, trop prisonnier qu'il est de ses mécanismes automatiques de sauveur. C'est probablement grâce à ce rôle que lui faisaient tenir ses parents que le couple parental a pu se maintenir. Hervé a réussi, par la suite, à mieux se positionner dans ses relations, évaluer la part des uns et des autres et dire les choses autrement. Cette redistribution de l'énergie dans les conflits est directement liée à une maturité gagnée grâce aux séances de thérapie. La compréhension et l'intégration émotionnelle de son histoire ont été un gage pour changer ses relations dans son travail.

Il n'est bien sûr pas question de tout généraliser ni de réduire les difficultés professionnelles à de simples répétitions familiales. Cependant, les deux sont étroitement imbriquées dans une logique qu'il est toujours intéressant de découvrir.

Au cours de ma pratique, j'observe souvent des phénomènes de compensation, de réparation, exprimés en partie au niveau professionnel, qui ont pour but de préserver la filiation avec un membre, voire des membres d'une famille.

> Ghislaine, 43 ans, secrétaire, ne sait plus comment gérer son temps et son énergie au travail. « Je suis constamment épuisée. Je rends service à tout le monde, c'est plus fort que moi. J'aide ma voisine, une petite vieille qui n'a plus personne. Je suis aux cent coups dès que quelqu'un m'appelle. Ah, c'est vrai qu'on m'aime bien, mais je n'en peux plus… J'ai soigné ma mère des années durant, et lorsqu'elle est morte, mon père est devenu alcoolique. Depuis, j'ai peur qu'il lui arrive quelque chose, alors je passe tout mon temps libre avec lui… Mais comment faire autrement ? Le médecin m'a dit de consulter un psy, mais je me demande si vous avez la solution miracle. »

Hélas non, Ghislaine, pas de « solution miracle », mais quelques questions au moins : « Qu'est-ce qui vous pousse à vous oublier pour aller servir les autres ? En quoi aller les sauver vous sauve-t-il vous aussi ? Que fuyez-vous, de quoi vous protégez-vous ? » Bien entendu, il y a la « gentillesse », l'altruisme. Mais vivre en oubliant qu'on existe, est-ce bien interpréter ce don que l'on fait aux autres, apparemment important dans sa vie ? Parfois, la culpabilité est si forte que s'épuiser est moins grave que de penser à soi : est-ce le cas de Ghislaine ? Et souhaite-t-elle réellement qu'il en soit autrement ?

Les histoires de famille sont toujours au cœur de la problématique d'équilibre entre vie privée et vie professionnelle. Observer comment une personne mène de concert sa vie personnelle, professionnelle, sociale, familiale est utile pour se faire une idée de qui elle est. Un déséquilibre est suspect, car il signifie que l'inconscient est aux commandes : quelles loyautés invisibles sont alors à l'œuvre ? Dans ce « système de vie » que le sujet s'est organisé au fil des ans, une souffrance existe et l'amène, finalement, à consulter.

Répétitions ou coïncidences ?

Les répétitions de génération en génération donnent des indications sur le fonctionnement des règles tacites dans la famille. En ce qui concerne les activités professionnelles, remarque-t-on des ressemblances dans les fonctions exercées et dans la façon de s'y investir ? Parfois, on note des similitudes dans les métiers ; dans d'autres, elles sont nichées ailleurs, et pas toujours facilement identifiables, tellement elles sont enfouies dans les profondeurs des non-dits familiaux ; parfois encore, elles sont si banalisées qu'elles sont vécues comme sans impact ni importance.

Nous avons tous des potentialités que nous explorons et d'autres que nous ne voyons même pas. En réalité, nous pourrions presque tout faire, mais nos décisions intimes, liées au sens que nous avons donné à nos expériences précoces, ne nous font entrevoir que ce qui entre dans le domaine de « notre » possible, c'est-à-dire dans notre représentation personnelle. Et alors, nous allons « forcer » telle tendance, telle préférence, la travailler, la faire croître, et « oublier » telle autre, qui nous semble inutile ou inaccessible.

Dans chaque famille, il existe des règles explicites (se laver les mains avant de manger, faire ses devoirs après le goûter, appeler mamie tous les dimanches lorsqu'on ne passe pas la voir...) et des règles implicites (ne pas poser de questions à papa sur ce qu'il fait le samedi matin entre 10 heures et 11 heures au bureau, faire semblant de croire maman lorsqu'elle dit qu'elle n'a rien bu ou de ne pas être affecté par des paroles blessantes...).

On peut exercer un métier parce que l'on se sent redevable ou parce que l'exercer aidera un membre de la famille à être réhabilité. Ainsi, la famille reste dans un équilibre intergénérationnel cohérent. Les règles implicites, qui rejoignent le concept de l'éthique relationnelle mis au jour par Boszormenyi-Nagy, donnent la direction de ce qui est autorisé et de ce qui ne l'est pas. Nombreux sont ceux qui « réparent » leurs parents en s'en occupant au détriment de leur propre vie affective, sociale, personnelle. Ils passent beaucoup de temps et d'énergie à « ne pas faire de vagues », à méconnaître leur potentiel pour « rester dans le moule », c'est-à-dire dans le rôle qui leur a été assigné par leurs proches et qu'ils ont tacitement accepté. C'est comme si leurs émotions étaient fondues avec celles qui sont familialement acceptables.

C'est à la maison, à l'occasion d'un événement particulier ou de scènes qui au contraire se répètent, que le jeune apprend la façon dont il doit appréhender le monde. Il regarde ses parents vivre et se forge ses opinions sur les façons de procéder face à telle ou telle situation. Comme un novice regardant des jours durant deux joueurs d'échecs, il finira par en déduire les règles et pourra à son tour entrer dans le jeu.

Tout cela n'est pas conscient : ce n'est pas sciemment que l'on demande à quelqu'un de ne pas ressentir ses émotions, de gommer ses perceptions ou d'avaler sans mot dire des propos dévalorisants. Un « J'ai travaillé dur pour vous » peut avoir mille sens : un amour inconditionnel d'un parent pour son enfant, tout comme un reproche qui interdit à ce même enfant d'être heureux, au travail comme ailleurs. Le contexte dans lequel se déroulent les interactions est essentiel, et l'interprétation qu'en fait le jeune lui est toujours propre, particulière. Malgré tout, on peut constater parfois des non-dits familiaux tellement lourds qu'ils concernent tous les membres d'une même famille.

Les règles tacites, les liens qui unissent les uns aux autres, les modèles montrés et choisis, les fidélités et loyautés inconscientes : tout ce tissu de mots et d'interprétations enchevêtrés va donner forme à ce que sera la vie professionnelle future. La chance y compris. Car celle-ci, on le sait, est souvent une question de courage manifesté au bon moment, une affaire d'audace personnelle. On en revient toujours à soi et à ses choix.

Parfois, ce sont les comparaisons, exprimées ou non, entre les uns et les autres. Tel(le) frère ou sœur est meilleur(e) que tel(le) autre dans telle matière, puis, à l'âge adulte, cela continue : l'un réussit selon les critères familiaux, l'autre pas... Chacun enregistre les dévalorisations comme les reconnaissances (la sienne ou celle des autres), et, si cela influence l'estime que l'on se porte, cela aura immanquablement une incidence sur les liens entre les uns et les autres, et sur les « décisions » de réussir ou pas selon le schéma établi.

Dans les années 1990, Olivier travaillait dans un petit cabinet d'audit, créé quelques années plus tôt par Christian. Ce dernier travaillait avec son père, à la retraite, qui prétendait venir aider son fils pour l'administratif. En réalité, il lui donnait un coup de main pour le commercial (il avait beaucoup de relations) et surveillait également les allées et venues des consultants, tous juniors.

Olivier se souvient : « J'avais facilement dix ans de plus que tous ces jeunes embauchés, j'étais père de famille, alors quelquefois le père de Christian se confiait à moi, et parfois devant son fils, qui était mon patron, je le rappelle ! "Christian a toujours été nul en commercial, mais c'est un bon gestionnaire…" Puis, un peu plus tard : "Pour être un bon gestionnaire, pas besoin de sortir de l'Ena ! Un peu de jugeote suffit largement !" Et encore : "De mes trois fils, c'est Christian qui a le moins bien réussi : les deux autres sont diplômés de grandes écoles, Christian n'a fait que… (il citait une école privée)." Et le pire : "Christian, il a beau ne plus habiter à la maison, eh bien, parfois, je trouve qu'il mérite une claque ! – Tu exagères papa !", avait rétorqué ce jour-là Christian, assez mollement d'ailleurs. Moi, je l'aurais foutu dehors. Mais je pense que Christian avait besoin de son père : quand on est dévalorisé à ce point, on a toujours besoin de ses parents car on en est toujours prisonnier. »

Selon son père, Christian n'arriverait vraisemblablement jamais ni à la hauteur de ses autres fils, ni à la sienne. Christian, qui possédait pourtant une entreprise florissante, avec une dizaine de consultants, était voué au rôle du médiocre. Il ne correspondait pas aux critères paternels. Quelques années plus tard, il développera un cancer et son père fera l'intérim.

Autour de la table familiale

C'est à table surtout que se jouent les dialogues les plus typiques de la dynamique familiale. Tout d'abord, par les silences, les regards. Ensuite, par les paroles échangées entre les personnes présentes. Enfin, par les paroles sur les absents. Comment se parle-t-on les uns aux autres ? Quelles sont les règles de communication ?

Prenons pour exemple le dialogue suivant :

« Il ne rentre pas, papa ?

– Mais non, tu sais, il avait un gala avec tous les directeurs de sa société, comme tous les ans, et là, il prononce un discours. »

Peut en découler une digression sur les discours à prononcer, comment on articule, comment on peut surmonter son trac (« Et papa, comment il fait ? »), parce que avoir des responsabilités amène à parler en public, etc. Ce peut être une discussion instructive, qui motivera les enfants à continuer de poser des questions, se proposer peut-être au prochain exposé dans leur classe.

Il est possible également que la digression conduise à un dénigrement du père : « Comment, papa parle en public, ah ah, mais qu'a-t-il à dire ? », etc. Là, la mère joue le rôle de complice. On peut dire qu'elle se sert des enfants pour rabaisser son mari, et une des conséquences peut être que, finalement, « mieux vaut ne pas être comme papa et ne pas avoir de discours à prononcer : pour vivre heureux, vivons cachés ».

Il peut aussi n'y avoir aucun dialogue : papa n'est pas là, une fois de plus ; on n'en parle pas, on ne sait pas ce qu'il fait, on ne veut pas le savoir ; cela pourrait se révéler explosif si on le savait, etc.

Le dialogue peut être enfin :

« Il ne rentre pas, papa ?

– Mais non, tu sais, il a accepté des heures supplémentaires car, avec le handicap de ta sœur, on doit payer le centre d'hébergement, ça fait cher. Et comme son chef ne lui donne pas d'augmentation, il a trouvé des heures de gardiennage de nuit dans sa société. Comme il est insomniaque, c'est bien, au fond. »

Ici sont données beaucoup d'indications sur le chef, son rôle, le handicap, le sacrifice et comment faire d'un problème (l'insomnie) une solution... Quelle est l'information qui primera chez le jeune pour guider son orientation ? Ce n'est que lorsqu'il aura compilé un grand nombre d'informations, saisies dans différents contextes, qu'il pourra, sous une forme plus ou moins consciente, décider de son avenir.

Remettons-nous autour de la table, où peuvent également être évoquées, sur le ton de la plaisanterie, certaines caractéristiques d'un aïeul, dont un enfant reprendra plus tard certains traits de personnalité en s'y identifiant, dans un souci de loyauté. Car, à table on parle souvent des autres. Voici donc une conversation imaginaire : autour de la table cette fois, deux parents et leur fils, s'adressant à celui-ci en évoquant leurs propres pères.

La mère : « Ton grand-père Jules ne supportait pas les patrons ! Voilà pourquoi il a créé son atelier de mécanique... Bon, il s'est malheureusement trompé et a pris le mauvais associé, qui l'a pillé ! Mais c'était un bon mécano, et il a pu recommencer... Moi, j'ai toujours connu mon père qui disait : “Pauvre, mais libre !” Ah, c'est vrai qu'à l'époque, il n'y avait pas la Sécurité sociale... C'était dur, quand on montait sa boîte. Aujourd'hui, c'est plus facile... » (Le sous-entendu que peut interpréter l'enfant étant : « Si tu montes ta boîte, tu auras de toute façon moins de mérite que n'a eu ton grand-père, qui est mon père chéri que je continue toujours à admirer. »)

Le père : « Alors que mon père était très différent ! Il voulait avoir la sécurité pour élever ses trois enfants. Bon, sauf qu'un jour, il y a eu une grève, et mon père a refusé de la faire. Les autres lui en ont voulu... Il les soutenait, mais il n'a pas osé. Je pense que c'est pour ça que ta tante s'est inscrite au Parti communiste et a tant milité lors des événements de Mai 1968... »

La mère : « Mais pas du tout ! Ta sœur est une convaincue, cela n'a rien à voir avec ton père ! »

Le père : « Crois-tu ? »

Dans le très beau film *Persépolis*, Marjane Satrapi raconte à merveille comment, dans son enfance, elle a baigné dans les discours politiques, source de ses engagements ultérieurs. C'est aussi une façon de rendre hommage à ceux que l'on a aimés dans sa famille, les « figures de proue », et qui ont souffert : reprendre leur combat est une façon de perpétuer leur mémoire.

7.

De la coutume familiale au travail à l'estime de soi

> « Il est des coutumes qu'il est plus honorable d'enfreindre que de suivre. »
>
> William Shakespeare

Ce qui est valorisé par notre famille nous enseigne ce qui est « bien » ou « mal », par exemple faire des études longues ou courtes, gagner de l'argent ou pas, prendre des responsabilités ou non (et, si oui, jusqu'où), etc. Un enfant comprend beaucoup de choses et élabore une « marche à suivre » à partir de situations familiales vécues, qu'il réinterprète sans cesse, en fonction de son degré de compréhension et de sa maturité.

C'est toujours par rapport à sa propre expérience (par définition limitée) que l'on veut expliquer le monde, son fonctionnement, la façon de le conquérir et d'y réussir. Et ce même si sa propre expérience se limite à une petite zone géographique, sectorielle. Le jeune peut alors choisir de se différencier en explorant au-delà de ce qui est préconisé, ou d'imiter et de rester dans l'aire prescrite.

Nos opinions sur la vie et la façon dont nous pouvons la mener sont influencées par de soudaines prises de conscience : on parle d'« élargissement » du cadre de référence. Ainsi, une femme persuadée qu'elle ne peut concilier vie familiale et création d'entreprise, en rencontrant une dirigeante menant de front les deux de manière harmonieuse à ses yeux, peut changer son regard et décider elle-même de revisiter ses croyances sur le sujet. Très probablement, elle vivra soit une désapprobation de sa famille, soit une incompréhension, ou bien encore un encouragement secret de la part des femmes, qu'elle n'imaginait pas (ce qui peut lui faire toucher du doigt les fidélités auxquelles elle répondait jusque-là).

Ce qui est valorisé : les coutumes familiales

Dans certaines familles, des habitudes s'installent, au fil du temps, voire des générations, ne laissant plus de place ni à l'imagination ni à l'exploitation des potentiels visibles de la jeune personne.

Ainsi, Jeannine a fait une école supérieure de commerce « parce que dans la famille, c'est ça ou médecine ». On peut parler de « coutume familiale ».

En matière d'orientation professionnelle, tout se passe comme si la famille était une microculture qui se perpétue dans le but de survivre au temps qui passe. Il en est ainsi des familles de notaires, de médecins, d'artistes... Gare à celui qui « s'égare » en voulant exercer un métier qui ne correspondrait pas à ces règles tacites !

Parfois, une certaine tolérance est possible, lorsque les aînés ont « assuré » leur rôle et leur condition sociale ; le dernier peut alors jouir d'une plus grande liberté de choix, devenir un « pionnier » sans trop de difficulté.

Outre le métier, il existe aussi certaines similitudes intergénérationnelles qui peuvent se transmettre à l'échelle de familles entières comme le maintien des femmes au foyer lorsqu'elles ont des enfants, ou les activités bénévoles.

Nous allons voir que, dans le cas de Julien, la forme de l'activité professionnelle est répétée de père en fils, sous-tendue par des croyances fortes qui ont longtemps empêché celui-ci de penser différemment du modèle proposé… sans qu'il en ait aucune conscience !

Le père de Julien, policier, lui avait toujours dit que sa « vraie vie » commençait à 17 heures. En effet, passionné de bateaux, cet homme avait créé une association pour réparer des voiliers de plaisance. À la retraite, il avait terminé la fabrication d'un superbe spécimen (qui lui avait demandé dix années de travail !). « Mon père était un "policier artiste", vous en connaissez beaucoup ? »
Julien, lui, a toujours aimé dessiner. « Tout petit, je dessinais dès que je le pouvais, je rêvais de faire les Beaux-Arts. » Lorsqu'il me raconte son parcours, je remarque deux années de « trou » et, comme je lui en fais la remarque, il me répond : « Ah oui, j'ai oublié [*sic*] de vous dire : un jour, je ne sais pas pourquoi, je me suis inscrit au concours de police, j'ai été admis, j'ai commencé… et puis j'ai arrêté parce que j'ai rencontré ma femme, qu'elle venait de signer un contrat et partait au Mexique (elle est danseuse). J'ai tenté le tout pour le tout et je l'ai accompagnée. »

Ce qui est étonnant, c'est de constater que les éléments d'une trajectoire, ainsi mis en perspective, sont clairs, les choix évidents, alors que la personne concernée ne voit pas ce qui pourtant saute aux yeux. Julien a toujours su qu'il aimait le dessin. Son père, lui, a toujours su qu'il aimait les bateaux. Mais bien que les règles soient restées tacites (en tout cas Julien n'a pas le souvenir qu'elles aient été verbalisées), elles ont toujours été évidentes : « Le travail, c'est fait pour gagner de l'argent, l'art, c'est un luxe, c'est un loisir. » La vie du père de Julien en était l'illustration. Celui-ci n'a même pas conscience des répétitions (le concours de police) tellement l'« évidence » a été intériorisée.

Pourtant, dans cette configuration « sérieuse », pourquoi Julien a-t-il choisi de suivre sa femme au Mexique, prenant tous les risques ?

> En choisissant cette femme artiste, et qui vivait de son art, Julien a tout d'abord pris une permission : au début, il a continué à faire des « petits boulots administratifs », tout en se nourrissant des récits et de l'ambiance professionnelle de sa jeune femme, en la suivant régulièrement aux répétitions, spectacles, dîners... Petit à petit est revenue en lui son idée première de faire du dessin, il a repris ses crayons (« J'avais arrêté depuis mes 13 ans, le jour où j'avais compris que je ne pourrais pas en vivre »), puis ses pinceaux. De retour en France, il s'est fait embaucher dans une société de graphisme, « en attendant que mes toiles se vendent ».
> Julien passe maintenant le plus clair de ses journées à dessiner et à peindre et, même s'il ne s'estime pas « artiste à plein temps », il est heureux d'avoir retrouvé sa raison d'être « et de vivre ». « Et mon père est fier de moi », précise-t-il.

Il est toujours important, à 35 ans, et même toute la vie, de gagner enfin la reconnaissance tant attendue... Dans la famille de Julien, on voit que les schémas peuvent évoluer, qu'ils ne sont pas implacables. La communication est possible, vivante. Les blocages viennent plus, ici, de peurs inavouées (qui ont pu être justifiées à un moment donné de l'histoire familiale) que de véritables rigidités. Ce qui compte pour le père de Julien est d'abord la réussite de son fils dans la voie qu'il souhaite et non la reproduction du système « travail alimentaire / art bénévole ».

Même si une interdiction n'est pas explicite, elle peut être intériorisée si fortement qu'il n'est même plus question d'y songer : c'est ainsi que certaines orientations peuvent devenir carrément « impensables ».

Caroline a été élevée par un père vétérinaire. Ce père, par ailleurs vénéré et autoritaire, a été orphelin à la naissance, élevé à l'Assistance publique. Obligé de travailler jeune, il a réussi à prendre des cours du soir et à passer le concours pour devenir vétérinaire. Il a ouvert sa clinique à la force du poignet et terminé sa carrière avec une dizaine de vétérinaires salariés. Mais il ne cessait de dire à sa fille que ce métier était difficile.
« J'ai 41 ans aujourd'hui, eh bien, je vous assure que c'est la première fois que je pense que ce métier, au fond, m'aurait plu ! J'adore les animaux. Mais c'était proprement impensable de réaliser cela – et de toute façon, mon père m'en aurait empêchée. Pour lui, c'était un métier d'homme, un métier dur, où on ne voit pas sa famille… Et, vous voyez, tout ça n'a servi à rien, je n'ai pas d'enfant. » Caroline, qui a toujours vécu avec des animaux domestiques, n'a même pas osé songer à cette voie… « Remarquez, il y en a d'autres auxquelles j'ai pensé mais que j'ai aussitôt refoulées : coiffeuse, esthéticienne… J'aime m'occuper des autres. Mais mon père voulait autre chose pour moi : je l'ai écouté. Je ne savais faire que cela à l'époque, jamais je ne me serais rebellée contre lui. »

Se conformer complètement au désir de l'autre, quel que soit cet autre, revêt toujours le risque de perdre de vue son propre désir, son identité.

Les techniques familiales pour réussir professionnellement

« Moi, mon petit, je vais te dire : le secret de ma réussite, c'est la ténacité ! » ; « Moi, mon truc, il est simple : travailler, travailler, travailler » ; « Moi, j'ai réussi parce que j'ai gagné beaucoup de temps : je ne dors que quatre heures par nuit ! »

N'avez-vous jamais été le témoin ou le destinataire

de ces conseils bien intentionnés ? Ce sont les « tactiques » que les gens transmettent car, a posteriori, elles semblent expliquer leur réussite. Celles-ci ne sont pas forcément valables pour tous, puisque la réussite d'un individu est la résultante d'un contexte et d'une motivation. Mais c'est important pour eux de pouvoir les justifier, les formaliser ; cela leur permet d'identifier leurs moteurs, de les partager afin de conforter l'estime qu'ils se portent, de se valoriser auprès des autres, de leurs enfants… Ce qui compte pour tout un chacun est la réussite personnelle et la transmission des techniques ayant permis son succès. Il convient de garder à l'esprit que celles-ci ne sont pas universelles et *forcément vraies* pour tout le monde, en particulier pour ses enfants.

C'est là le grand paradoxe de l'éducation : transmettre son expérience car on l'estime valable, tout en acceptant que celle-ci soit inutile, et faire le deuil d'une reproduction absolue de soi. Le narcissisme, il est vrai, en prend un coup… Les rêves aussi. Et dans le cas où l'effort pour réussir a été colossal, il est fréquent que la rigidité familiale s'installe ; le jeune n'a alors plus aucun espace pour s'exprimer et aspirer à autre chose qu'au désir de ses parents.

La plupart du temps, on apprend selon le mode familial : comment devient-on un autodidacte compétent, un homme responsable, une femme qui réussit, un bon travailleur social… En ce sens, les techniques transmises assurent une cohésion qui peut concerner la famille élargie.

Dans la famille de Benoît, tous les membres travaillent dans le médico-social : éducateurs, assistantes sociales, kinésithérapeutes dans des centres pour handicapés, aides-soignants… « On a toujours des sujets de discussion en commun, dans nos réunions de famille, avoue-t-il. C'est chouette, parce qu'on a tous la même opinion en plus. On s'est même dit qu'on pourrait monter une association pour défendre les sans-papiers ! »

Les techniques peuvent aussi concerner le rapport travail-foyer, comme le montre l'exemple d'Hélène.

Hélène, enfant, voyait peu son père. « Chaque fois que je demandais où il était, ma mère me répondait invariablement : "Il travaille." Un soir de Noël, nous l'avons attendu jusqu'à 22 heures, puis il a téléphoné pour prévenir qu'il y avait un problème au travail et qu'il était obligé de rester. En réalité, il avait une double vie. Je ne l'ai compris que bien plus tard. Le travail était un alibi, ma mère l'a toujours cru... ça l'arrangeait bien. Tout ce stratagème a été révélé au grand jour lorsqu'il est parti à la retraite. D'ailleurs, il est mort dans les mois qui ont suivi. Il y a deux ans, j'ai découvert la double vie de mon frère, et ce qui est dingue, c'est que mon neveu, qui a à peine 22 ans, en mène une aussi : alors que sa petite amie vient d'accoucher, je l'ai surpris "par hasard" dans les bras d'une autre femme. Il m'a avoué qu'il en était amoureux et qu'il voulait lui faire un enfant. Il est parti, lui aussi, pour faire la même chose, pour reproduire ce processus. »

Hélène est... psychothérapeute, spécialisée dans les secrets de famille ! Cependant, et nous le voyons bien dans cet exemple, peu importe le travail en tant que tel, ce qui compte aussi est la façon de le vivre, de s'en servir.

Comment parlent autour de vous les personnes qui disent avoir réussi ? Untel aura travaillé dur, l'autre aura saisi une opportunité, un troisième aura été un fin stratège... Chacun sa technique !

L'estime de soi et l'atmosphère affective de la famille

L'estime de soi correspond à l'évaluation, au jugement que l'on porte sur soi et qui nous convient ou non. Elle rejoint le besoin de se sentir reconnu, qui contribue à la construction du sentiment d'identité. Trois autres besoins essentiels sont à l'œuvre dans la construction de l'estime de soi.

Le premier, ainsi que le souligne Marc[1], est de se sentir exister aux yeux d'autrui. Cette attente est fondamentale dans la construction psychologique d'un être humain. Ensuite vient le besoin d'intégration, d'« inclusion[2] », c'est-à-dire celui d'être considéré comme partie intégrante d'un groupe (et donc de sa famille). Ensuite, le besoin d'être valorisé, aimé, contribue à l'élévation de l'estime de soi.

Parler de soi et de sa famille en groupe, comme j'invite les participants aux stages que j'organise à le faire, est souvent un moment rempli d'émotions, et lorsque l'on aborde son histoire familiale, la peur se mêle à une demande implicite d'acceptation. Ce sont des moments essentiels pour oser affronter ce qui fait honte, ce dont on a du mal à parler, voire à s'avouer à soi-même.

Armelle respire profondément avant de confier : « Je croyais que vous alliez me juger parce que ma famille est pauvre et un peu bizarre. Et je me rends compte que, même si elle est pauvre et bizarre, et que j'ai du mal à l'accepter, je l'aime aussi, elle est moi, elle m'a faite. Je suis soulagée que vous ayez eu ce respect dans votre écoute et je me sens mieux. » Les larmes viennent ensuite, comme pour clore cette confidence inédite.

Chacun va construire des stratégies en fonction de ce qu'il a senti et appris au sein de sa propre famille. Nul doute que l'activité professionnelle, visible socialement, est un puissant vecteur de valorisation ou de conformité, reflet de sa propre valeur et de la façon

1. Edmond MARC, *Psychologie de l'identité*, *op. cit.*
2. Will SCHUTZ, *L'Élément humain*, *op. cit.*

dont on a été valorisé ou non. Quand l'enfant ne répond pas aux attentes des parents, ou lorsqu'il ne rentre pas « dans le moule », il pourra faire l'objet de pressions implicites (désintéressement, évitement...) ou explicites, comme le montre l'exemple de Solange. L'orientation se fait alors « par défaut ».

Solange, à 35 ans, est sous antidépresseurs depuis quatre ans. À tel point que son médecin lui demande, au bout de tout ce temps, d'entamer une psychothérapie.
Solange a deux difficultés : elle ne supporte plus la pression et est impressionnée par son patron à qui elle n'ose rien dire. Elle est pourtant responsable des ressources humaines dans une grande entreprise. Sa dépression a fait suite à une réorganisation : « Je ne savais plus où j'étais, si j'étais compétente. »
Enfant, vivant entre le diktat d'un père autoritaire et une mère effacée, elle réussit tout ce qu'elle entreprend : « Avec mon père, je n'avais pas le droit d'être médiocre. » Un jour, lorsqu'elle redouble sa première, son père ne lui parle plus pendant une semaine. Alors que je m'en étonne, elle me répond tranquillement : « C'était quand même un peu ma faute : je n'avais qu'à pas redoubler ! » Solange a repris à son compte les obligations et la culpabilité. Adulte, elle n'a plus besoin de son père pour se sentir oppressée. Au travail, elle s'oblige à rendre tout ce qu'elle fait si parfait que le challenge devient de plus en plus inatteignable. Elle finit par craquer, ce qu'elle ne comprend ni n'accepte : « Vous comprenez, ce n'est pas normal : à mon âge, je devrais prendre du recul. »
Petit à petit, elle découvre que, sa mère absente du fait de trop de préoccupations existentielles, son père était seul pour l'éduquer ; elle lui doit tout et, en même temps, il l'a emprisonnée. La culpabilité se mêle à la colère, qu'elle ne peut exprimer, alors elle « implose » à l'intérieur d'elle-même. Son seul moment de liberté, ce fut l'année où elle a redoublé. « Oser redoubler, vous voulez dire, c'était un truc inconcevable, car je décevais mon père, et curieusement, au lieu d'en être mortifiée, j'en étais

presque contente ! C'est bizarre, non ? » Se mettre en échec était son seul espace de liberté.
Progressivement, Solange se libère de sa colère. Ce travail, elle ne l'a pas choisi, elle y a atterri, pour son père, parce qu'il voulait qu'elle fasse Sciences-Po, qu'elle a raté avant de s'inscrire à l'université. Il voulait qu'elle fasse des ressources humaines, c'est ce qu'elle a fait. Il voulait qu'elle se marie, c'est ce qu'elle a fait. Elle a « tout bien fait », c'était la promesse d'une vie heureuse, tranquille, épanouie. Tout est faux : il faut travailler toujours plus, sans une reconnaissance (comme autrefois à la maison), le patron n'est jamais content (comme quand elle était petite), elle n'en peut plus. Comme Solange n'a appris ni à se révolter ni à traduire ses sensations en mots, elle sombre dans la dépression. « Bon, c'est une petite déprime, reconnaît-elle, vous voyez bien : une petite pilule et on n'en parle plus. Il y a pire que moi. »

Solange a du chemin à faire pour recontacter son corps, ses intuitions, sa sensibilité. C'est lorsqu'elle aura retrouvé toutes ses compétences qu'elle pourra « re-panser » son travail, s'affirmer et s'offrir une vie meilleure.

Parfois, ce sont les parents qui manquent d'estime d'eux-mêmes. Ils transmettent à leur enfant des préceptes qui ne sont en fait que le reflet de la faible opinion qu'ils ont de leurs compétences et de leur valeur.

« Je me souviens, me dit Georges, responsable marketing, mon père était médecin, il me racontait que certains confrères prenaient des honoraires deux à trois fois plus élevés que lui, et ils étaient tous ensemble à la fac ! Un jour, je lui ai demandé : “Mais pourquoi tu ne fais pas comme eux ?” Il m'a répondu : “Mais c'est qu'ils sont meilleurs que moi ! Une finesse de diagnostic, un contact... cela justifie leur prix. Moi, si je faisais cela, je perdrais toute ma clientèle.” Cela m'a marqué. Pendant longtemps, je n'osais pas demander d'augmentation, je me disais : “Au nom de quoi ? Les autres sont bien meilleurs que moi. Si je demande, on va me rire au nez." Je ne me rendais pas compte que je répétais à mon insu le discours de mon père. »

Un enfant repère tout, entend tout, comprend tout de sa famille, sans qu'il soit besoin de rien expliquer. Ainsi, la circulation de l'argent, facile ou pas, pénible, honteuse ou pas, sera intériorisée comme le reste.

Ne pas se montrer ou, au contraire, montrer qu'on existe sont des attitudes apprises dans la famille, et reprises par la suite. L'imitation est un des moyens qu'a l'enfant pour se fondre parmi les siens, s'identifier, trouver un sens aux faits et gestes des adultes. Et il a aussi son instinct, qui lui fera adopter des comportements parfois incompréhensibles si on ne prend pas la peine de creuser, d'écouter, de regarder.

Les blocages les plus durs viennent des stigmatisations (« Lui, cet intello... »), des dévalorisations (« Tu es bête, mon pauvre garçon : faut vraiment l'être pour ne pas comprendre ça »), des comparaisons (« Ta sœur, elle, au moins... »), ou encore des craintes projectives (« Mais qu'est-ce qu'on va faire de toi ? »).

L'orientation a toujours un sens au regard d'autres parcours professionnels de la famille : l'individu est le produit de son histoire, il est le fruit de décisions prises, à chaque moment de sa vie, qu'il en ait conscience ou non.

Le cas de Brigitte illustre comment l'estime de soi peut être reconquise, réparée grâce à une activité professionnelle ayant du sens.

Brigitte est avocate. D'abord spécialisée en droit des affaires, elle a repris des cours pour se spécialiser en droit de la famille, après avoir entamé une psychothérapie. Professionnelle compétente, elle est reconnue par ses pairs et gagne très bien sa vie. En ce sens, c'est un modèle qu'elle a hérité de ses parents. Pour le reste, c'est bien le déblocage de ses peurs qui a permis sa réorientation, même si elle conserve le même métier. « J'ai été une enfant maltraitée, physiquement et moralement. Mes parents étaient très aisés, très bien vus, alors bien sûr c'était impensable, personne ne pouvait m'entendre. J'ai développé un sens très fort de la justice, être l'avocate des gens lésés... J'ai commencé par le droit des affaires, certainement parce que je pouvais le supporter. Ce n'est qu'après ces quelques années de thérapie que j'ai osé m'attaquer à ce qui m'est le plus cher : la justice familiale. Oser dire, défendre, faire payer, mais de manière légale, juste, au grand jour. »

L'atmosphère affective qui a régné pendant l'enfance peut également avoir des répercussions sur la façon de vivre son travail : nous avons déjà vu que les mécanismes de défense nous protègent de manière efficace contre toute intrusion de ce qui nous est interdit de savoir ou de sentir. L'ennui, s'il n'est pas répertorié comme tel en psychanalyse, peut pourtant constituer un rempart émotionnel efficace, toujours lié à une estime de soi qui a besoin d'être renforcée, comme le montre l'exemple de Tisiane.

Tisiane est directrice des ressources humaines dans une entreprise de transports. Elle n'a pas de problèmes dans sa vie professionnelle si ce n'est qu'elle s'ennuie vite, ce qui l'amène à changer souvent de société. Arrivée à 45 ans, elle sent bien qu'elle ne va pas pouvoir continuer ainsi indéfiniment et, en outre, elle recherche le métier qui « enfin » pourra la délivrer de cet ennui.

En l'entendant, j'ai l'impression que Tisiane attend *la* révélation ou *la* bonne fée qui pourra la sortir d'un maléfice appelé « ennui ». Or, l'ennui est souvent lié à une superficialité avec soi-même, à un emmurement émotionnel qui rend impossible un quelconque contact avec soi et les autres. Effectivement, enfant, Tisiane, souvent obligée d'écouter des scènes pénibles entre ses parents, restait souvent des heures à attendre que ceux-ci veuillent bien s'occuper d'elle. Par ailleurs, elle prenait soin, à l'école, d'être une petite fille expansive et gaie, si bien que personne ne voyait que ce qui se passait chez elle l'affectait, et encore moins sa famille. Ce dilemme « intérieur-extérieur » se retrouve au niveau professionnel : toujours prête à prendre la parole en public pour défendre ses dossiers, Tisiane donne l'aspect d'avoir une vie lisse et facile. En réalité, son monde intérieur bouillonne, mais elle ne sait l'exprimer. L'ennui est l'enduit qu'elle a mis sur ses souffrances, et elle ne sait plus aujourd'hui comment s'en débarrasser pour respirer et être en contact avec sa vérité intime, pour être plus authentique avec elle-même et envers les autres.

Non seulement la famille ordonne d'apprendre les techniques pour réussir, mais elle envoie aussi des messages contradictoires du type « Fais ce que je dis et pas ce que je fais. » Comment s'y retrouver ? C'est bien la question pour le jeune ; pour qu'il puisse grandir et se valoriser, la réponse se trouve dans la façon dont il va gérer ces contradictions sans trop déranger l'équilibre familial. Sinon, il y a risque de rupture, qui peut survenir dès l'adolescence ou au contraire prendre des années. Pour exister, chacun doit donc trouver une « troisième voie », qui satisfasse autant ses propres goûts que l'inconscient familial : le choix est accepté s'il garantit l'équilibre du microsystème domestique et des générations au sens large. Tout se passe comme si la famille, la plus libérale qui soit, disait en substance au jeune : « Choisis... mais pas trop ! »

Décidément, l'orientation professionnelle va beaucoup plus loin que le simple choix d'une filière en fonction de ses aspirations et/ou possibilités. Elle met en jeu des forces diverses qui rendent souvent le jeune confus et hésitant pour se décider. On le comprend !

8.

La scolarité : résilience ou déficience ?

« Un enfant qui ne s'est instruit qu'à l'école n'est pas un enfant instruit. »

George Santayana

Une bonne scolarité, tout le monde vous le dira, est une garantie pour l'avenir. C'est en général vrai. Une bonne scolarité, si elle rime avec bien-être, avec plaisir, est une sorte de grâce.

Parfois, une bonne scolarité est le vernis qui sert à cacher ce que l'on ne peut ni dire ni exprimer. D'abord pour le premier de la classe, qui peut l'être grâce à son intelligence fine, mais aussi par une conformité qu'il a faite sienne, à la demande de ses parents. Or ce qui compte, c'est le plaisir qu'a l'enfant d'aller à l'école, le plaisir qu'il a d'apprendre. Être premier sans plaisir et voilà déjà des prémices d'une vie professionnelle fondée sur le labeur, la morosité, et non sur la joie d'agir avec les autres, de découvrir, d'évoluer. La joie de vivre s'apprend aussi à l'école.

En ce sens, une bonne scolarité n'est pas toujours le signe d'une réussite future. Elle peut même n'être qu'un leurre, camouflant une profonde anxiété, une peur de déplaire à ses parents, un masque dont les enfants se servent pour se protéger de soucis supplémentaires. Ce peut être une façon de prendre en charge des parents déficients, de les délester d'un poids, d'un souci, quand eux-mêmes sont en proie à des difficultés de tous ordres. Combien d'enfants sont bons à l'école non pas parce qu'ils aiment l'école, mais parce qu'ils sentent qu'on leur demande de s'y conformer ?

Eh bien, me direz-vous, ce n'est déjà pas si mal s'ils travaillent bien à l'école pour faire plaisir à leurs parents ! Certes, mais... est-ce suffisant pour prédire une vie professionnelle réussie ?

Une bonne scolarité, garantie de la réussite ?

La trajectoire professionnelle n'a parfois rien à voir avec l'histoire scolaire. Dans un précédent ouvrage[1], je parlais déjà de l'exemple de Gisèle, sortie major de Sciences po à 21 ans, qui, lorsque je l'ai connue, était responsable d'accueil dans un petit théâtre parisien. Être scolaire permet de développer certaines compétences cognitives, c'est-à-dire liées au savoir. Dans la vie professionnelle, d'autres compétences sont également requises, liées au savoir-être : il faut de l'audace, du « cœur à l'ouvrage », accepter d'être soi pour réussir d'une façon qui soit le plus en harmonie possible avec sa personnalité, ses aspirations.

Une telle divergence entre l'école et la vie professionnelle est bien sûr suspecte : elle n'est pas sans rapport avec les loyautés dont parle Boszormenyi-Nagy. Pour lui, la fixité des rôles est le signe que cette rigidité

1. Isabelle MÉTÉNIER, *Histoire personnelle, destinée professionnelle*, Paris, Demos, 2006.

sert les obligations familiales : le système continue ainsi de « tenir en place », rien ne vient le perturber.

Cela explique d'ailleurs qu'après une discussion où les tabous sont levés, où l'essentiel des choses est dit. soit avec un thérapeute familial, soit entre membres d'une même famille, un jeune puisse retrouver une fluidité, une facilité et un plaisir dans ses études.

Le rapport au travail commence dans le rapport à l'école. Comment se passent les devoirs le soir à la maison ? La réponse est toujours en lien avec la dynamique familiale : anxiété ? réparation ? tranquillité ? tensions ? règlements de compte ?

À côté des bons élèves, il y a les « mauvais ». Parmi eux, les enfants de l'« effet Pygmalion » : on pense d'eux qu'ils ne comprennent rien, qu'on ne peut rien en « tirer », etc., et cela finit par se vérifier. C'est le principe des prophéties autoréalisantes : je suis ce qu'il m'a été ordonné de devenir[1].

> Sylvie, responsable de planning d'un centre de formation, a du mal à contenir ses larmes : « Ma mère me croyait sourde parce qu'il lui semblait que je n'entendais pas ce qu'elle me disait. En réalité, cela ne m'intéressait pas ! À l'école, mes maîtres aussi l'ont pensé, et je me suis retrouvée en CPPN[2]. On croyait que je ne pouvais pas apprendre. C'est pour ça que j'en suis toujours au même point, après vingt ans d'expérience professionnelle : j'organise pour ceux qui apprennent, mais moi, je n'apprends rien ! Je me dis toujours que je ne suis pas capable, alors qu'au fond de moi, je suis sûre que je peux ! Alors vous qui soudain me dites que c'est possible, vous comprenez, ça me bouleverse

1. Robert Rosenthal et Leonore Jacobson, *Pygmalion à l'école*, Paris, Casterman, 1971.

2. Classe pré-professionnelle de niveau. Créées en 1972, les CPPN accueillent des élèves de niveau cinquième souhaitant préparer un CAP.

parce que je n'ai jamais contré ma mère, mes profs... Je n'ai jamais osé croire que ce que je pensais de moi était vrai... »

Parfois, le parcours professionnel est, à l'instar de celui de Sylvie, le reflet de ce qui a été vécu à l'école. Il en est non seulement le prolongement, mais aussi l'exacte réplique : ici on retrouve, tout au long du parcours, une méconnaissance des capacités ; Sylvie existe mais elle n'est ni vue ni entendue, n'apprend rien depuis vingt ans, ce qu'elle accepte car, comme elle le dit, « rien ne rentre dans ma caboche ».

L'école conditionne, l'école sélectionne, l'école porte autant qu'elle peut détruire. La pression à la conformité représente un poids énorme pour qui se sent différent. Quand les parents ont peu d'instruction, ils peuvent laisser une grande latitude au système scolaire. Celui-ci, s'il peut révéler et supporter de grands potentiels, peut aussi laminer une sensibilité, un espoir, une envie.

La scolarité exige une mobilisation plus intellectuelle que le travail, tandis que ce dernier sollicite davantage l'émotionnel. À l'école, personne ne nous apprend à gérer ce qui est « périphérique », et pourtant essentiel : nos relations, nos émotions, nos questions existentielles.

De même, les origines du blocage d'un enfant à l'égard de l'écriture ou de l'orthographe peuvent être révélatrices d'une histoire de famille particulière : où en sont ses parents sur le plan de la scolarité ?

Je me souviens de cet homme qui racontait, lors d'une émission de télévision : « Lorsque j'étais enfant, j'ai été humilié publiquement par un maître qui a dit à toute la classe que, franchement, pour faire autant de fautes d'orthographe, il fallait être bête ! Je me souviens de ma révolte intérieure : j'ai pris la décision de ne plus jamais "leur" donner ce qu'"ils" voulaient ! Je me suis dit :

“Mais il ne comprend pas que moi, je suis comme ça : je fais des fautes !” Ce n’est que bien plus tard que j’ai compris le sens de cela : ma mère avait arrêté l’école très petite et faisait beaucoup de fautes d’orthographe. Pour moi, c’était une façon de la respecter, de rester en lien, de lui être fidèle, de lui dire que, même si moi j’allais à l’école, j’étais comme elle. Mais cela, vous ne l’obtiendrez jamais d’un enfant si vous n’avez pas l’empathie, la gentillesse, l’amour des humains, particulièrement l’amour des enfants, et la confiance en leur formidable dévouement. »

Bien souvent, comme le dit cet homme, c’est l’empathie qui manque… et le temps. Combien de vocations gâchées par manque de temps à accorder à l’autre ? Oui, décidément, le monde du travail commence à l’école. Mais sommes-nous condamnés à persévérer sans relâche dans la mauvaise direction ?

« Moi, dit Rachid, chef comptable de 42 ans dans une société de transports, c’est simple : fils d’immigrés, j’ai été orienté immédiatement en BEP. Pourtant, mes résultats scolaires étaient bons ! Je n’ai pas compris. J’ai ensuite dû rattraper, passer par un bac professionnel pour arriver au BTS ! »

Voici de nouveau l’effet Pygmalion à l’œuvre ; les stéréotypes ont encore de beaux jours devant eux. Chacun, enseignant et patron compris, ayant une représentation personnelle du monde, toutes les informations qu’il en reçoit sont spontanément interprétées de façon à confirmer ce qu’il en sait déjà. C’est le mécanisme des prophéties autoréalisantes dont nous avons parlé plus haut, et c’est ce qui fait persister les clichés.

Il y a aussi celles et ceux qui ont arrêté l’école tôt. Être autodidacte n’est pas toujours facile. Apprendre seul laisse toujours une impression d’« inachevé », voire un complexe diffus qu’heureusement la VAE (validation des acquis de l’expérience) permet aujourd’hui de faire disparaître, du moins en grande partie. Il n'est pas toujours facile d'assumer ses désirs, surtout si, comme Gaëlle, ils s'opposent aux conventions sociales. Lorsque la reprise d'études s'impose, gare au retour de manivelle !

Gaëlle vient me voir « pour oser travailler ». Elle est mère au foyer et souhaite reprendre des études de coiffure : « J'ai toujours voulu faire ça. » C'est une femme d'une bonne quarantaine d'années, sympathique, avec de l'humour à revendre. Malgré tout, elle est en quête et a décidé de regarder en face ce qui l'empêche, psychologiquement, de reprendre une activité professionnelle, elle qui a été secrétaire médicale avant son mariage, pendant quelques années.

Apparemment, elle se situe bien dans sa famille, à la fois celle qu'elle a créée avec son mari et celle de son enfance. Elle a de bonnes relations avec les uns et les autres, prend conscience qu'« être dans la norme, pour les femmes de ma famille, c'est se consacrer à ses enfants et à son foyer. Je suis dans la norme. Tout va bien. Mais alors, vous croyez que c'est pour cela que j'ai si peur de reprendre un travail ? » Depuis quelques années, pour se détendre et se distraire, Gaëlle s'est trouvé une passion pour l'encadrement. « J'encadre tout ce qui ne bouge pas, plaisante-t-elle. Mes amis adorent. »

De fil en aiguille, je découvre ce qui préoccupe Gaëlle : faire de l'encadrement, c'est pour elle une façon de « contenir » son envie de « sortir du cadre », et de rester, à l'instar de ses parents et de sa mère surtout, « dans les rails », mais elle souhaite aller voir ailleurs ! Elle prend conscience de ce processus et décide de s'inscrire au CAP de coiffure.

Deux jours après, je reçois un mail : « Chère Isabelle, en me remettant sur un cadre que je n'avais pas terminé, hier, je me suis fait une entaille profonde et me voilà handicapée ! Je ne pourrai plus faire de travail manuel avant un bon moi[1]. Alors, la

1. La faute d'orthographe est de Gaëlle !!!

voie est libre pour m'inscrire au CAP... Ma fille m'a apporté la documentation : il ne me reste plus qu'à y aller ! »
Encore une fois, notons l'étonnante force de l'inconscient... qui parfois fait mal. Gaëlle ne s'est finalement pas inscrite...

En restant « dans le moule », Gaëlle ne remet pas en cause l'ordre établi : elle ne travaillera pas, continuera à donner son temps. Ce n'est pas elle qui doit étudier, c'est sa fille. Peur ou pudeur ? En tout cas, sa vie reprend comme avant. Le changement paraît parfois trop lourd de conséquences, ce que l'on anticipe semble trop effrayant pour que l'on ait le courage de continuer.

La scolarité sert parfois aussi à ne pas faire mieux que ses parents : on minimise alors ses capacités pour être conforme, se fondre dans le modèle familial sans tenter d'en sortir. Ainsi, on peut être très bon élève et s'arrêter au bac, parce que la motivation n'est pas au rendez-vous.

Aurélie, bachelière reçue au bac avec la mention bien (à quatre points de la mention très bien), se destine à deux années de fac de droit, puis ira travailler chez un avocat. Pourquoi ne pas être avocate elle-même ? « Je ne sais pas... je n'en ai pas envie. » Il est probable qu'Aurélie réponde à des fidélités inconscientes : ses parents n'ont pas fait d'études au-delà de deux années après le bac et la façon dont elle parle des « nantis » montre bien qu'elle a une certaine représentation des métiers et de l'échelle sociale. La motivation de « consolidation », que nous évoquons à la fin du chapitre 10, semble correspondre aux choix de cette jeune fille.
Son frère, en revanche, fait médecine.

Chacun ses choix... Et chacun dispose d'une clé pour comprendre les tréfonds de ses décisions, quelles qu'elles soient.

Ambiance à l'école, ambiance au travail

Quand le thème de l'école est abordé, s'ouvre souvent une boîte de Pandore. Des injustices, des révoltes, mais aussi des gratifications, des fiertés partagées émergent… et parfois, rien, aucun souvenir. Pour certaines personnes que je reçois, l'enfance, tout comme l'école, s'est fait oublier. D'autres ne se souviennent que de leurs difficultés relationnelles, leurs malheurs dans la cour de récréation, toujours vivaces au fond de leur cœur.

André se remémore ses années d'école primaire. « J'étais terrorisé par deux garçons qui réussissaient à m'attraper et à me tabasser régulièrement pendant la récréation, sans que cela n'attire le moins du monde l'attention des instituteurs qui discutaient entre eux. Il faut dire que les deux lascars étaient plutôt discrets. Moi, j'avais honte, et comme chez moi on ne parlait pas, je n'ai jamais rien dit. J'ai vécu toutes ces années comme un calvaire, il n'y avait personne pour me protéger. J'étais tout petit, une proie facile. Je passais mon temps à anticiper des cachettes pour la récré, mais avez-vous déjà vu des planques dans une cour d'école ? Alors, bien sûr, mes résultats étaient moyens, pas mauvais, juste moyens. Cela satisfaisait mes parents, et mes maîtres mettaient sur mon carnet : "Peut mieux faire."
Peut-être ma passivité et mon manque d'estime de moi-même sont venus de là : par ce manque d'écoute, ce manque d'intérêt pour ma personne. Mais c'est vrai que j'essayais de me faire tout petit, encore plus petit que je n'étais, pour qu'on ne me voie pas, qu'on me laisse tranquille… C'était toute ma difficulté : obtenir de l'attention, de qui que ce soit, tant en évitant de recevoir les coups de ceux qui ne voyaient que moi. Aujourd'hui, mon patron me "secoue régulièrement les puces", comme il dit : il me trouve passif ! Je pense que c'est comme ça que, paradoxa-

lement, j'obtiens de l'attention : par la colère et l'agacement que je provoque chez les autres. Et je pense que cela vient de cette période de l'école. »

Ces histoires d'école sont à relier avec le présent du travail ; les patterns relationnels sont souvent les mêmes : un dominant, un dominé, un vif, un mou, un humoriste, un public, etc.

Écouter ce que disent les enfants à travers leurs comportements, leur passivité ou leur violence parfois, et accueillir ce monde de sensibilité et d'émotions toutes neuves est une attitude bien plus constructive que d'asséner des critiques ou (pire encore peut-être) rester indifférent, qui minent petit à petit l'estime de soi.

Corinne est très inhibée dans ses relations avec sa hiérarchie. Elle n'ose jamais dire ce qu'elle pense, surtout lorsqu'il y a risque de conflit, par peur de pleurer ou de balbutier, de ne pas trouver ses mots. Dans sa famille, elle ne parlait jamais de ses problèmes, ses parents n'écoutaient pas vraiment leurs enfants. Elle relate avec beaucoup d'émotion les bagarres pendant les récréations, alors qu'elle était victime de trois filles qui terrorisaient la cour. Au final, elles avaient interdit aux autres de parler à Corinne, qui se sentait seule et impuissante. C'est exactement le même sentiment qu'elle ressent aujourd'hui, alors que sa responsable s'est emportée contre elle à plusieurs reprises. Corinne se sent complètement dépassée par la situation.

Revivre, relier les situations d'aujourd'hui à celles d'hier permet de mieux se connaître et de ne pas minimiser des événements qui sont au contraire importants dans notre histoire parce qu'ils ont contribué à nous construire. Les « petites histoires » de la cour de récré ne doivent pas nous faire oublier qu'enfants, nous les avons vécues intensément, et que les conflits en entreprise sont très souvent du même acabit ! Quels ont été les événements marquants de votre scolarité ? Comment définiriez-vous votre personnalité d'alors ? Remémorez-vous vos qualités comme vos défauts et comparez-les à ce que vous êtes aujourd'hui, dans les relations que vous établissez avec les autres : ont-elles fondamentalement changé ou au contraire sont-elles semblables ? Quel genre d'élève étiez-vous ? Sage ? Intéressé(e) ? Tranquille ? Aimiez-vous l'école ? Y avez-vous pris des responsabilités ? Étiez-vous apprécié(e) par vos instituteurs, vos professeurs ? Quelle signification l'école avait-elle pour votre famille ?

Armelle, après un DEA de biologie, est entrée dans un gros organisme associatif, en contrat avec l'État, pour un travail administratif et peu rémunérateur. Elle s'y ennuie depuis des années. « Nous sommes clairement en sureffectif... à moins que je ne travaille très vite, ajoute-t-elle en riant. Rendez-vous compte : outre mon DEA, j'ai pu passer mon doctorat dans la même spécialité, j'ai aussi obtenu une maîtrise de chimie, je soutiens mon doctorat en sciences de l'éducation dans un mois... Mais je me sens si étriquée dans ce milieu – d'ailleurs, pourquoi l'ai-je choisi ? Je voulais m'orienter dans l'enseignement et voilà que j'ai choisi cette voie... je ne me souviens plus comment, d'ailleurs. Le hasard... Ah oui, une amie m'a dit un jour : "Et si tu postulais là ?" C'est ce que j'ai fait... Cela fait douze ans. Douze ans que j'étouffe, je ne dis rien, c'est comme si je ne pouvais pas bouger. »
Armelle, lorsqu'elle avait 13 ans, a souffert d'une déformation de la colonne vertébrale. Elle a dû porter un corset. J'ai posé beaucoup de questions sur son histoire scolaire avant qu'elle n'aborde ce sujet. « Oh, mais enfin, s'exclame-t-elle comme pour minimiser encore un peu cette "affaire", ce n'est pas grave : j'aurais pu me retrouver paralysée si je ne l'avais pas fait, alors, vous pensez... »
Armelle se détend au fur et à mesure de nos entretiens, qu'elle aborde avec de plus en plus de confiance. Elle parle du corset comme d'une personne. « Il m'empêchait de jouer, évidemment,

mais surtout de vivre ! J'ai eu le droit, pendant deux ans, de ne me lever que trois heures par jour. J'avais 13 ans, ce n'était pas facile… » C'est même un euphémisme : Armelle a vu sa vie se rétrécir, son horizon s'arrêter aux murs de sa chambre, de la salle de bains et de la cuisine, deux années durant. Son corps libéré, elle a fait de la rééducation, mais la prison corporelle continuait de fonctionner pour elle. Surcompensant son manque d'activité par les études, elle a toujours été bonne élève. À l'âge adulte, elle s'est orientée vers une structure « rigide », comme son corset, qui l'empêche d'évoluer, et contre laquelle il est inutile de se battre. Son problème de santé a été exporté dans sa vie professionnelle, cette fois-ci dans sa représentation du monde, son imaginaire.

Armelle était prête : elle a mis peu de temps à se remettre en marche et à solliciter d'autres voies d'épanouissement professionnel. Quelques mois plus tard, elle m'envoyait un petit mot : « Merci pour la mini-psychothérapie qui m'a aidée à grandir. » En effet, Armelle aborde désormais son destin différemment, non seulement dans son corps, mais aussi dans son positionnement au sein d'une nouvelle organisation.

Lorsque Armelle a compris l'importance que revêtait encore pour elle le corset qui l'avait « accompagnée » pendant deux ans, elle a pu revisiter toute son histoire à la lumière de cet élément nouveau. Elle a compris ce sentiment d'étouffement qui l'oppressait depuis tant d'années, et a pu lui donner du sens, au lieu de penser qu'elle n'avait pas de raisons de se plaindre.

Ainsi, une bonne façon de se connaître consiste à revisiter ses années d'écolier. Non pas que l'école ait valeur de pronostic, mais parfois le monde intérieur est radicalement différent de ce qui est montré ! Ainsi, nombre de mauvais élèves sont en réalité des individus qui ont du mal à s'adapter au cadre de l'école, pour de multiples raisons.

Pour connaître, reconnaître parfois, ses blessures passées, ses besoins, savoir comment se réconcilier avec soi, retrouver ses sources de plaisir, de dynamisme, on a besoin de savoir, sur le chemin qui mène à la vie d'adulte, ce que l'on a fait de tous ses désirs.

La résilience, spirale vertueuse de l'école au travail

Qu'est-ce qu'un bon prof ? Comme le souligne Jacques Lecomte[1], c'est d'abord celui qui sait établir une relation, humaine et sensible, et non juste « transmettre des savoirs ». C'est quelqu'un qui sait être en lien, tout en faisant respecter la loi : ce sont d'ailleurs deux conditions sine qua non pour l'établissement d'une bonne relation d'apprentissage, et d'ailleurs pour toute relation humaine, qu'elle soit éducative, purement affective ou professionnelle.

Le *lien*, c'est cette permission d'attachement, ce socle affectif dont nous avons tant besoin pour nous sentir solides, et en vie. Il peut être révélé par un être humain, mais plus généralement par toute forme d'attachement qui génère de l'espoir en la vie.

La *loi*, ce sont les exigences relatives au travail, qu'il soit scolaire ou professionnel, musical ou sportif : il est nécessaire d'y trouver repères et critères pour y structurer sa pensée, son mouvement, sa sensibilité.

C'est à la fois par ce mouvement vers l'autre, empli de tendresse et d'empathie, et cette organisation contenante procurée par le cadre qu'une personne peut apprendre et se « sentir » : exister, acquérir de l'autonomie, devenir un être qui se respecte et respecte les autres. L'un sans l'autre ne donne rien.

1. Jacques Lecomte, *Guérir de son enfance*, Paris, Odile Jacob, 2004.

Il n'est pas rare que des élèves souhaitent réussir pour faire plaisir à un de leurs professeurs, ou au directeur de l'établissement qu'ils apprécient. Laisser place à l'affectivité n'a jamais été aussi utile qu'aujourd'hui : la bienveillance, la considération, l'empathie, la gentillesse sont des dimensions tout aussi importantes que le respect des règles et l'encouragement de l'effort. Ne prôner que la loi ferme la porte à la résilience.

Le mot « résilience » a été utilisé pour la première fois par Boris Cyrulnik : du moins cet humaniste a-t-il mis au jour un mot uniquement employé dans certains milieux, en racontant notamment le chemin de sa propre résilience. De même, le petit Morange, dans le film *Les Choristes*, en est un exemple, comme toute la classe d'enfants dont doit s'occuper le personnage joué par Gérard Jugnot.

Le point commun : quelqu'un – un adulte – qui, un jour, comme ça, vous montre un autre chemin possible, vous tend la main, et transforme une vision morose en rêve accessible. C'est l'expérience qu'a vécue Noémi.

Noémi est l'aînée d'une famille de douze enfants. Elle a vécu dans un dénuement extrême, son père noyant tout son salaire dans des beuveries nocturnes. Étonnamment, Noémi réussit son bac, puis travaille tout en poursuivant des études de droit. Elle bénéficie d'un congé de formation et obtient une maîtrise de ressources humaines.

Parallèlement à son parcours, Noémi est suivie par un psychothérapeute depuis qu'elle a 18 ans. Comme elle le dit : « Moi qui ne savais pas vivre ni comment vivre, ça a été ma béquille. Tout ce que je voyais, c'étaient les études, mon seul espoir de sortie. »

Noémi se dit chanceuse : « J'ai eu des responsables formidables. Deux femmes dans les deux entreprises qui m'ont embauchée : adorables, responsables, elles m'ont tout appris, comment travailler, comment être avec les autres, comment mener une réunion, tout. Ce sont mes modèles, mes références : sans elles, je ne serais pas qui je suis aujourd'hui. »

Un chef, un patron qui vous donne des responsabilités alors qu'auparavant personne n'avait cru en vous – à commencer par vous-même –, voilà une expérience positive source de réalisation au travail, et qui se répercute ensuite dans tous les domaines. L'effet de cette confiance est magique : elle induit une spirale vertueuse, qui donne envie d'honorer cette confiance, ce lien nouveau qui stimule, sans pression ni tension. Voilà la magie de la résilience : le lâcher-prise. Donner à l'autre sans vouloir pour lui. Ne rien attendre. Et c'est magique parce que l'autre prend et redonne à mille pour cent, apportant à son tour l'espoir à d'autres. Car un résilient se prive rarement ensuite de « distribuer la bonne parole ». Il témoignera que « c'est possible », et donnera à son tour.

Au lien et à la loi, Boris Cyrulnik ajoute une troisième condition, le sens, pour qu'un adulte puisse être résilient.

Le *sens*, c'est l'accès à la compréhension de notre histoire, de nos actes et de leurs conséquences. C'est se voir avec une distance toute nouvelle, se regarder dans un tout.

Donner du sens à ce que l'on fait est indispensable : se réapproprier son histoire, sa direction dans un monde qui en semble être dépourvu. Dans son magnifique livre[1], Mihaly Csikszentmihalyi explique que le bonheur ne dépend pas des conditions extérieures, mais de la façon dont celles-ci sont interprétées. Ainsi, comprendre son histoire, le cheminement intérieur qui nous a poussés vers tel ou tel travail, dans tel ou tel but, suffit pour que l'on puisse décider consciemment

1. Mihaly Csikszentmihalyi, *Vivre*, Paris, Robert Laffont, 2004.

de réévaluer ses perceptions et agir conformément à sa nouvelle réorganisation intérieure.

Lorsqu'il est choisi, le travail peut être source de résilience, et réparateur. Il peut être un formidable lieu d'expression. Mais pour cela, des renoncements sont parfois nécessaires : le pouvoir, l'argent, les possessions, le « toujours plus ». C'est alors un travail qui, lorsqu'on se lève le matin, remplit de joie, s'organise, se décide. Un travail qui donne du sens à la place que l'on occupe dans ce monde, c'est cela, un travail « résilient ».

Claudine, opticienne, est aussi professeur de yoga. Sa passion l'a amenée à rencontrer des gens étonnants, « tous merveilleux », à gravir des montagnes, voyager de par le monde, créer des associations, fédérer pour des causes qu'elle estime justes. « Si je meurs demain, je pourrai déjà dire que je me suis épanouie dans cette vie que j'ai choisie. » Claudine aime les gens, et c'est d'ailleurs la seule chose qu'elle appréciait vraiment dans son travail d'opticienne, qu'elle ne pratique plus depuis longtemps. Sa vocation, c'est le yoga, et elle y a consacré des années. C'est ce qui la fait vivre « de corps et d'esprit ». « Le yoga m'a aidée à voir en moi-même, à me découvrir. J'ai à cœur de transmettre cet enseignement à d'autres, c'est ma voie désormais. »

Parfois, comme Claudine, des personnes changent de travail à mi-vie pour une direction cette fois choisie, et qui correspond à l'expression de leur chemin intérieur, qu'elles transmettent alors aux autres. Ces changements se font souvent à l'occasion d'une crise, un pic de souffrance, qui force en quelque sorte leur remise en question et peut les amener vers une autre voie, moins conventionnelle.

9.

Les symptômes de la crise au travail

> « Vécue, la souffrance n'en est pas pour autant reconnue. »
>
> Christophe Dejours

Parfois, le travail est un refuge qui permet d'aplanir et rendre lisse une vie triste ou émotionnellement inachevée... jusqu'au jour où, souvent aux alentours de la quarantaine, une « crise » survient. Celle-ci, loin d'être une fatalité, est souvent la réponse de notre corps, notre psychisme (les deux étant liés) à des non-dits accumulés, des « inattentions » de notre part à l'égard de ces symptômes : ne jamais s'occuper de ses émotions, de son passé, de son corps entraîne fatalement des « nœuds » à l'âme, qui s'intensifient insidieusement...

Qu'est-ce qu'une crise ? C'est le fait qu'à un moment, la vie telle qu'on l'a menée ne permet plus de faire face au contexte actuel. Quelque chose trouble l'existence, que soudainement on ne supporte plus, et qu'il faut changer.

La crise n'est pas un événement négatif, au contraire. Elle est une occasion d'évoluer, si les protagonistes sont capables d'aller au bout d'eux-mêmes.

Affronter une crise est toujours désagréable, mais au bout du tunnel, il peut y avoir la promesse d'un nouveau départ.

L'idéogramme chinois du mot « crise » se compose de deux signes qui signifient, pour l'un, « danger de mort » et, pour l'autre, « opportunité d'évolution ». L'un et l'autre sont en effet possibles ; la crise renvoie au deuil, au stress, au renoncement. Pour faire face à une telle situation, ou plutôt pour éviter soigneusement de l'affronter, deux stratégies sont possibles :

– Précipiter : c'est la fuite en avant. On fait « davantage de la même chose ». « Ça ne va pas au travail, je m'énerve à la maison, et plus l'ambiance à la maison se tend, plus ça va mal au travail, car les pensées sont de moins en moins lucides. » L'accélération du processus est nette.

– Retenir : on se dit que c'était mieux avant. On n'arrive pas à en faire le deuil et on tente de faire revenir quelque chose qui n'est plus. On s'épuise, on devient triste. On tombe progressivement dans la dépression.

Un symptôme, qu'il soit physique ou psychologique, est un signe à écouter. Il peut aider à considérer le problème suffisamment tôt pour éviter une crise forte, accompagnée d'un arrêt maladie et de travail. Rien ne sert de nier ce qui nous arrive, car c'est là ! À l'instar de M. de La Palice, on peut dire qu'on ne sort d'une crise qu'en y entrant, pas en l'évitant. Oui, elle nous désorganise, mais elle permet d'accéder à un nouvel équilibre, qu'il nous faut trouver. L'inconfort réside dans cette remise en question.

La quarantaine cristallise ces tensions, parce que souvent, à cet âge, on se retourne sur son propre parcours pour se demander : « Qu'ai-je fait ? Où en suis-je ? Ai-je construit ce que je souhaitais ? » La question du sens que nous avons cherché à donner à notre vie est au cœur de ces interrogations : quid de notre identité personnelle au sein de notre lignée familiale et aux yeux de la société, avons-nous le sentiment d'avoir orienté notre vie comme nous le désirions ? Tout cela remet en question le sens de notre existence. Le milieu de la vie a ceci de particulier qu'il est propice à un premier bilan, et que beaucoup de choses sont encore possibles si l'on veut changer de cap.

Si on est honnête avec soi dans ces interrogations (en ne se cachant pas une réalité médiocre en la faisant passer pour merveilleuse, ce qui arrive) et que tout va bien, aucune crise n'apparaît. Si on refuse de voir sa réalité lorsque rien ne va, pas de crise non plus : le corps absorbe, du moins jusqu'au jour il réagit sous la forme d'un cancer, d'une maladie grave... C'est le sens de ces grandes somatisations qui surviennent soudainement, à la suite d'un stress important comme un divorce, un événement familial, un licenciement, un départ à la retraite...

En revanche, si on est honnête et que les choses ne sont pas telles qu'on les avait rêvées, on se dirige vers une crise, qui peut intervenir à tout âge et à tout moment (25 ans, 30 ans, 50 ans... 75 ans !), où l'on met tout à plat, mariage, travail, amis... : « Quel est le sens de ma vie ? Qu'est-ce que je veux ? Pourquoi suis-je arrivé(e) là ? »

Une crise peut avoir des causes externes (chômage, incarcération, gain inespéré, cambriolage, guerre, incendie, expulsion, tempête, immigration...) ou internes (divorce, naissance d'un enfant handicapé, maladie, déménagement, décès...). Les deux parfois se relient pour faire sens : c'est ainsi qu'un problème de travail peut renvoyer à des difficultés familiales anciennes et amener à reposer les prémisses de notre vie de manière différente.

Il nous faut alors faire un état des lieux intérieur : « Comment me suis-je construit(e), dans quel environnement ? Quel était le sens de mes attitudes ? Comment faisais-je pour obtenir de l'attention ? Quels étaient les discours sur le travail, les chefs, les collègues, la médecine, l'argent ? Quelle place occupaient mes désirs, étaient-ils pris en compte ? Quelles étaient les relations entre mes parents, mes frères et sœurs ? Quelle était la dynamique familiale ? Quelles récompenses obtenais-je et à quelles occasions ? Y avait-il des contradictions visibles dans mon éducation (entre mes deux parents, entre leur discours et leurs actes) ? Bref, comment ai-je appris à vivre ? Où cela m'a-t-il conduit(e) ? Et où cela va-t-il me mener si je persévère ainsi ? »

Ces questions sont essentielles pour maîtriser pleinement sa vie et décider, au plus tôt, d'être heureux. Mais elles font surface souvent à l'occasion d'une crise de vie, plus ou moins forte, dont l'aboutissement dépend beaucoup de la force psychique et de la certitude qu'une issue positive est possible... Ce sont là les conditions indispensables pour demander l'aide d'un thérapeute. Car ce n'est pas tant l'événement en lui-même qui est difficile, c'est la façon dont l'individu va devoir réorganiser ses convictions pour faire face à cette nouvelle donne. Et cela ramène toujours à son histoire personnelle.

La rupture physique

Le déni de la fatigue physique (« Il faut tenir », etc.) amène à accuser les circonstances extérieures : trop de travail, trop de pression, hiérarchie pesante, objectifs irréalisables... Le corps, à un moment, ne suit plus. Mais pourquoi attendre jusque-là ?

L'organisation actuelle du travail, le diktat des actionnaires et la politique de réduction des coûts, engendre des maux physiques multiples, dus au stress et à la fatigue : nous l'avons vu au tout début de ce livre avec l'exemple de Milena, et nous l'aborderons de nouveau plus loin dans ce chapitre. En attendant de décoder la réalité du monde du travail selon cet angle de vue, on peut d'ores et déjà analyser une rupture physique, un « craquage », sous l'angle psychosomatique : c'est une piste de lecture tout aussi intéressante à explorer pour aider quelqu'un à développer sa conscience de lui-même et l'amener à repérer les signes avant-coureurs d'une situation de crise.

En quoi la maladie représente-t-elle un bénéfice pour la personne ? Étrange interrogation ! Cette logique nous conduit vers une tout autre dimension : celle de l'inconscient. Considérons l'exemple de Marie-Thérèse :

> « Moi, je ne suis jamais malade, je travaille tout le temps, une vraie bête de somme ! Je ne m'écoute pas, j'y vais, c'est tout. Mais l'autre jour, j'ai dû rester chez moi, clouée au lit par une grosse grippe qui a duré huit jours ! J'en étais malade… C'est le cas de le dire !
>
> Eh bien, croyez-moi si vous voulez, c'est horrible à dire, mais du coup je me suis reposée ! Mon mari et mes enfants ont géré les repas, les courses, s'occupaient de moi… Cela n'arrive jamais ! J'ai pu découvrir à cette occasion que j'étais vraiment importante pour eux, ils étaient aux petits soins. J'ai honte de vous le dire : au fond, cette grippe, elle m'a fait du bien ! »

Le bénéfice que Marie-Thérèse a tiré de sa grippe est bien celui de la reconnaissance de sa famille et du fait qu'ils aient pris soin d'elle : elle ne demande pas, ne s'écoute pas et, à l'occasion d'une maladie, reçoit avec surprise beaucoup d'attention de la part des siens ; c'est ce que l'on appelle le « bénéfice secondaire » de la maladie. « Qu'est-ce que j'obtiens, au final, dans ma vie, mon travail, à la maison, grâce à ma conduite, mes maladies, mes échecs ? » De tels comportements sont très repérables dans une famille où l'enfant est choyé dès qu'il est souffrant et est incité, inconsciemment, à rester faible et dépendant pour que l'on s'occupe de lui. Ce n'est pas le seul cas de figure, bien entendu : ce qui est essentiel à comprendre ici, c'est que ce que l'on extériorise ne doit pas nous duper et nous empêcher de voir ce qu'il y a derrière. Parfois, ce que nous revendiquons est simplement le droit de nous plaindre : pas de chance, pas de débouchés, pas de temps...

André a 39 ans. Commercial dans une grande société industrielle, il déprime lorsqu'une belle promotion lui est proposée. Arrêté six mois, il décide d'entamer une psychothérapie et est amené à revisiter son rapport au travail et à la famille : « Quand j'étais jeune, il n'y en avait que pour mon père : c'était lui qui ramenait l'argent à la maison, qui faisait vivre la famille, qui était le plus fort, qui ceci, qui cela... En réalité, mon père était un faible : sans ma mère, solide, rassurante, il n'aurait jamais pu vivre. Je pense qu'il était dépressif et que ma mère lui servait de béquille. Et pourtant il dénigrait les femmes, il la critiquait sans arrêt ! J'ai vécu dans ce mensonge, sans jamais remettre en question ce schéma apparent, sans jamais voir la réalité : ma mère forte, mon père faible. J'ai reproduit la même chose. J'ai réussi en niant mes peurs, mes faiblesses, en visant toujours plus haut, toujours plus loin. Cette promotion, c'était la cime, je me disais : "Tu arrives là et après tu te reposes", mais le problème, c'est que quand je suis arrivé là-haut, je savais bien que je ne pourrais pas me reposer, c'était foutu pour moi. J'avais passé ma vie à me nier, il fallait que je continue. J'ai craqué.

Aujourd'hui, je suis perdu : je ne sais pas qui je suis, ce que je vaux, ce que je veux. Je suis complètement perdu. J'ai vécu toute ma vie sur un schéma faux, et il me faut à présent reconstituer le puzzle, et chaque pièce est très lourde à soulever. Le pire, c'est que mes chefs ne comprennent pas. "André, lui si solide, on n'aurait jamais cru." C'est terrible de ne pas être vu, de ne pas exister pour ce qu'on est. Mais c'est moi qui ai construit cette image, c'est moi qui ai voulu tout ça, et aujourd'hui, c'est ça qui fait mal. »

André, enfant et plus tard adolescent, a fait beaucoup d'efforts pour se cacher une partie de la réalité et ne voir que ce qui était « acceptable » : en effet, il eût été certainement dangereux pour lui de démasquer les rôles secrets de ses parents : sa mère forte, son père faible. En acceptant d'adopter le regard qu'on lui proposait, André a pu assurer la continuité psychique de la famille, renforcer les liens familiaux ou tout au moins ne pas les remettre en cause. Ainsi s'est-il forgé une carapace émotionnelle et a répété le même scénario que son père, mais il l'a payé cher. C'est cet accident psychosomatique qui le force à consulter : il ne peut continuer à désavouer sa réalité intérieure.

Parfois, l'accumulation est telle qu'une saturation survient d'un coup : impossibilité de se lever pour aller travailler, vomissements sur le pas de la porte... Que dit le corps ?

Cet exposé ne concerne évidemment pas les « vraies » maladies professionnelles, dramatiques, qui n'ont rien à voir avec les phénomènes inconscients que je décris ici. Et pourtant...

Florine est ingénieur et travaille dans une grosse entreprise industrielle. Quelques années après avoir commencé à travailler, elle a mal au bras droit, mais n'ose pas se mettre en arrêt. Comme sa douleur est liée à l'utilisation de la souris (elle s'en doute mais n'a pas encore consulté un médecin pour se le voir confirmer), son élancement empire, et Florine est immobilisée. Elle subit alors tout un tas de pressions de la part de son employeur qui la harcèle pendant son congé maladie[1]. Elle alterne ainsi, trois années durant, arrêts et reprises, jusqu'à ce

1. L'histoire ne se passe pas en France, mais dans un pays de la Communauté européenne.

qu'un jour elle ne puisse plus du tout utiliser son bras. Le médecin du travail la met alors en invalidité provisoire, Florine est très culpabilisée.

Dans le même temps, son mari, ingénieur également, doit s'arrêter plusieurs mois pour un *burn-out*. Leur fils aîné, qui a dix ans, cesse d'un seul coup de travailler et se met en échec scolaire, lui qui était premier de la classe. « Finir comme vous ? À quoi ça sert d'être le meilleur ? », se révolte-t-il.

Florine est issu d'une famille pathologique où sa mère, phobique, interdisait à ses enfants de rentrer de l'école « tels quels ». Ils devaient se déshabiller dans un sas, entre deux portes d'entrée, afin de ne pas ramener de microbes de l'extérieur. Son père a laissé cette folie s'installer et Florine n'avait d'autre défense que de se conformer strictement à ce qui lui était demandé. Elle a vite compris qu'elle pouvait s'échapper par les livres et est devenue une brillante élève. Malheureusement, une fois dans le monde de l'entreprise, elle n'a pu s'appuyer sur ses perceptions intérieures pour enrayer le processus pendant qu'il en était encore temps, avant de devenir vraiment invalide.

Florine a également conscience que, sans cet épisode extrême, elle en serait toujours au même point. « Finalement, avoue-t-elle, je suis obligée de me reconvertir. » Son mari, qui la rejoint dans ce scénario, s'interroge aussi. C'est toute la dynamique familiale qui s'en trouve atteinte.

Les symptômes physiques ont cet avantage d'être clairs et de nous inciter à nous y intéresser afin d'en comprendre la signification. Se dire : « Ça va passer, je n'ai pas le temps de m'occuper de cela, il faut que je tienne » est une méconnaissance qui, au bout du compte, nous renvoie à notre vulnérabilité, notre finitude, laquelle nous revient en boomerang, souvent violemment. Prendre soin de soi, écouter son corps, ne pas placer la raison avant tout est indispensable pour composer avec ses limites, tout comme reconnaître la réalité de ses capacités.

Un accompagnement physique doit toujours s'accompagner d'une aide psychologique et pédagogique. Pour se dégager du stress, il est nécessaire de donner aux personnes les moyens de faire des liens entre la pression du travail et leur fonctionnement psychique[1]. Proposer de « gérer le stress » ne fait que l'entretenir (même si apprendre des techniques de respiration ne peut qu'être que bénéfique), si cela occulte toute réflexion systémique sur le sens des symptômes et de l'angoisse ressentie. Le problème de plus en plus présent dans les organisations réside dans la pression à laquelle l'individu doit faire face sous peine de perdre son emploi… Jusqu'où peut-il aller ? Pour certains, la pression est « compensée » par des conditions de travail qui semblent très avantageuses : belle voiture de fonction, hôtels de luxe, statut dans l'entreprise, grande liberté d'action… Souvent, après des années à ce rythme, une fatigue, une lassitude puis un divorce interviennent. À ce moment-là, peut-être, survient une réflexion sur le parcours accompli.

La rupture psychologique

La rupture psychologique va de pair avec les symptômes physiques : quand on est malade, on n'a pas le moral en général. Une fatigue extrême peut également être le signe d'une dépression ; si on a passé des mois à la nier, l'épisode suivant risque d'être très douloureux à traverser.

1. Vincent de GAULEJAC, *La Société malade de la gestion*, Paris, Le Seuil, 2005.

Erika, à 37 ans, est directrice de clientèle dans la pub. Depuis qu'elle travaille, elle a vu ses collègues partir, souvent parce qu'elles « craquent », à l'occasion d'une présentation, d'un stress supplémentaire imprévu. Elle-même est sous antidépresseurs depuis quelques semaines, et se sent mieux.
Erika a un problème : elle ne supporte pas les conflits. À tel point que plusieurs fois, elle a dû se pincer les doigts jusqu'au sang, en réunion, pour ne pas pleurer alors que deux de ses collègues se disputaient. « Je sais que c'est anormal, me dit-elle, mais c'est ainsi. » En remontant à son enfance, Érika se souvient des disputes monumentales qui opposaient ses parents et se terminaient souvent par l'hospitalisation de sa mère. Ensuite, son père pleurait et implorait ses enfants de ne pas devenir comme lui.
Érika, qui a gardé une peur panique des disputes, est incapable de s'opposer à quiconque. À ce prix, elle obtient une paix relative avec ses interlocuteurs, internes comme externes, mais ses responsabilités augmentant, elle comprend qu'elle ne pourra pas tenir longtemps ainsi. À part les médicaments, elle ne voit pas quelle autre solution lui conviendrait. « Je n'ai pas le temps de m'appesantir sur tout ça », dit-elle, sans avoir conscience que ses défenses sont autant de murs qu'elle dresse méticuleusement contre elle-même, jour après jour.

La façon dont nous nous comportons au travail, dont nous le vivons, est directement issue de l'ambiance familiale dans laquelle nous avons grandi, de notre capacité à dire et à vivre la réalité de nos émotions, de nos désirs, et d'y être reconnus par nos proches, notre famille.

Pour Hugues, 40 ans, en tant qu'aîné des enfants, il était « normal » qu'il prenne la responsabilité de la famille à la mort de son père. Pourtant, ses parents étaient divorcés depuis de nombreuses années. Sa mère ne travaillant pas, son père continuait à verser une somme d'argent importante pour nourrir son ex-femme et leurs quatre fils. « Lorsqu'il s'est suicidé, je n'ai même pas réfléchi et j'ai repris tout ça à mon compte », avoue Hugues. Il a trouvé un emploi pour entretenir sa mère, sans que celle-ci ne cherche à travailler ni à soulager son fils aîné de ce fardeau. Hugues n'a aucune colère contre elle, qu'il estime être « une femme courageuse qui nous a tout donné ». Il a financé entièrement les études supérieures de ses petits frères et s'est payé ensuite des cours du soir, pour devenir avocat. « Tout ce temps, je n'avais qu'une idée en tête : taire ce que j'avais en moi pour servir ma famille. J'avais ce rôle, c'était comme ça. »

Hugues s'est investi dans une logique de loyauté. Celle-ci se traduit dans ses comportements de fidélité et de dévouement sincère à l'égard de ses frères et de sa mère. Il a ainsi permis à son père de continuer à vivre, d'une certaine façon, ou en tout cas de ne pas créer de vide consécutif à sa mort. Hugues, qui était en conflit avec son père au moment de son suicide, en a ressenti une grande culpabilité et a tu ses émotions pour se dévouer entièrement à sa famille, puis, plus tard, à sa femme et à ses trois enfants.

Arrivé lui-même à l'âge où son père s'est supprimé, Hugues commence à ressentir une lassitude face à la vie, notamment à cause de son travail – dit-il –, et se fait prescrire des antidépresseurs. Mais il ne va pas mieux pour autant, il sent que le problème de fond n'est pas résolu. Deux ans plus tard, il décide de consulter de nouveau ; je fais alors sa connaissance.

Hugues a développé une carapace, un « faux self » qui le mine, qu'il ne peut plus supporter. Mais cela remet en question son équilibre familial : en modifiant le domaine professionnel, il met le côté familial en péril, et inversement. Il se sent dans une impasse, tandis qu'à la maison les conflits s'amplifient avec sa femme et que les relations se fluidifient avec ses enfants : apparemment, c'est toute la dynamique familiale qui est touchée par son impossibilité à continuer de « payer éternellement ma dette : je veux vivre pour moi ».

Hugues, en accédant à ce qu'il est, décide de briser la glace qui le coupe de lui-même et de ses vraies émotions. Du coup, il brise aussi le socle sur lequel son couple s'est constitué – un homme solide qui protège sa femme fragile. Se révélant fragile aussi, il oblige sa femme à évoluer… et c'est ce qu'elle fera, courageusement, tandis que le couple en crise saura s'apaiser peu à peu et reconfigurer ses relations.

Parfois, le poids porté par l'un des membres d'une famille paraît bien lourd, et si cette prise en charge s'est avérée nécessaire dans la vie de l'individu pour qu'il ne se sente pas redevable et s'acquitte d'une « dette », elle peut cesser à l'occasion d'une date anniversaire ou d'un événement particulier qui déclenche alors une crise psychologique.

Un enfant dont l'un des parents au moins se plaint tout le temps de sa souffrance peut se comporter en véritable infirmier ; à l'instar de ce garçon de 16 ans qui, dans une émission de télévision, racontait qu'il passait tous ses dimanches en compagnie des SDF de son quartier au lieu d'aller jouer au foot avec ses copains. Les « enfants infirmiers » sont très valorisés d'un point de vue social. De ce fait, la dimension pathogène de ces situations passe inaperçue. Les enfants obtiennent ainsi de la reconnaissance (« Comme il est courageux ! », « Comme elle aime sa mère ! »). Il n'est pas étonnant de voir ensuite ces personnes s'orienter dans le soin afin de prolonger ce lien filial symboliquement avec d'autres personnes malades, voire de sacrifier toute vie personnelle et affective afin d'être entièrement dévouées aux autres. En d'autres termes, ces personnes sont restées prisonnières de leur rôle initial, sans autres options possibles. Parfois, ces « infirmiers » viennent consulter, épuisés, ne sachant ni se ménager ni s'octroyer du repos.

Remettre en cause leur mode de vie revient à mettre à plat tout leur fonctionnement familial originel, afin qu'ils comprennent les liens qui les unissent à leur famille et ce qu'ils tentent de réaliser pour que celle-ci ne soit pas bouleversée, tout en préservant leur propre équilibre psychique.

Les impacts du projet organisationnel

Les conséquences psychopathologiques de ces situations professionnelles qui jouent sur les limites sont en particulier la dépression, l'épuisement professionnel (*burn-out*) et l'addiction au travail. Pour éviter d'en arriver là, il est nécessaire d'adopter une « méta-position », d'analyser les paradoxes et de communiquer sur le paradoxe lui-même. C'est l'objet du courant de recherche de Palo Alto, dont Gregory Bateson est le chef de file. Pour sortir de l'engrenage, il faut s'extraire du cadre dans lequel est posé le problème. Savoir distinguer sa part de responsabilité de celle de l'entreprise est essentiel pour ne pas se perdre.

Georges, commercial pour une grande marque automobile, n'a pas eu le bac et ne supporte plus ce milieu « fondé uniquement sur l'argent et le paraître ». Il veut faire autre chose, mais ne sait pas quoi. En outre, il sent que sa vie « doit changer », il a la vague impression de passer à côté de quelque chose, il est globalement insatisfait.
« Au travail, nous formions un groupe soudé, avec de vraies valeurs, c'était sympa. Ils ont licencié un par un les membres de l'équipe, il ne reste que moi. Mais plus pour longtemps, remarquez. Je reviens d'un voyage en Afrique du Sud payé par mon entreprise car j'étais l'an dernier (et ce depuis des années) le meilleur vendeur ! Mais comme je ne supporte pas leur nouvelle politique, j'ai décidé de lever le pied... et je viens de recevoir ma première lettre d'avertissement, signifiant mon manque de rentabilité, mes résultats insatisfaisants : bref, des menaces à peine voilées. Je vais me faire bientôt licencier ! »

Georges n'est pas dupe de ce qui est en train de se décider au sein de son entreprise et, heureusement pour lui, ne prend pas à son compte ses échecs de performance ; au contraire, il en profite pour réfléchir sur un autre projet... Sortir du cadre imposé en prenant de nouvelles prémisses pour réfléchir est la bonne solution pour se sortir d'une situation tronquée et éviter de culpabiliser pour rien.

Pour décrire une situation, le langage que l'on utilise n'est pas anodin. Les premiers mots qui nous viennent à l'esprit sont le fruit d'une reconstruction mentale qui a pour but d'exprimer des sensations, impressions, situations, en images et en mots[1].

Ainsi Vanessa dessine, à ma demande, l'organigramme de la société dont elle vient de se faire licencier. « L'ancien ou le nouveau ? », me demande-t-elle. Comme je ne sais que répondre, elle prend l'initiative : « Je vais vous dessiner l'ancien en mettant les coupes, ce sera plus clair que si je vous mets directement les services actuels. » J'acquiesce.
Pendant qu'elle crayonne sur le grand tableau, elle explique, plus pour elle-même d'ailleurs que pour moi : « Alors, lui, il est viré, lui, zoup, on n'en parle plus, lui, son service n'existe plus, elle, hop ! virée, et son équipe avec d'ailleurs, ah non, sauf elle qui a rejoint le service Y... »
Au bout de plusieurs minutes, Vanessa s'éloigne de sa production, un peu comme un peintre qui prendrait du recul pour observer. Le résultat a l'air de la satisfaire. « Ça y est ! » Elle s'écarte, me laissant voir une feuille couverte de ratures, de grands traits barrant plusieurs carrés représentant des personnes attachées à un service. Elle a réalisé l'organigramme en bleu, les traits en rouge... Le tout donne l'impression d'un territoire saccagé, d'un champ de bataille où il ne resterait plus

1. « Le monde économique devient un champ de bataille. Le concurrent est l'ennemi. Si on ne mobilise pas tous les moyens pour emporter le marché, on est mort. La conquête est une question de survie. *Business is war!* On a là un exemple de construction imaginaire de la réalité : il faut combattre pour ne pas être vaincu » (Vincent de Gaulejac, *La Société malade de sa gestion*, *op. cit.*, p. 108).

grand monde… Je le lui dis. Elle marque un temps d'arrêt. « Oui, avoue-t-elle. Chez nous, c'est la guerre… La guerre des chefs, la guerre des marchés, il y a des têtes qui tombent, regardez tous ceux que j'ai barrés… tout ça en trois mois ! Dans cette entreprise, c'est chacun pour sa peau, et tu peux te faire poignarder dans le dos si tu n'es pas vigilant. »
Vanessa avait besoin d'en parler encore et encore, comme pour expulser un traumatisme.

La parole est comme un pansement qui enveloppe et permet de cicatriser ce qui a été blessé. Parfois, le thérapeute doit juste se taire, écouter, et chercher à faire dire à la personne ce qu'elle a vu, entendu, senti. Les mots utilisés reflètent ce qui a été vécu de l'intérieur. Parfois, des métaphores médicales sont utilisées : « L'entreprise est sous perfusion » ; « Ma boîte, c'est un asile de fous » ; « J'ai hérité de tous les bras cassés, une vraie cour des miracles ». D'autres fois, il s'agit d'autres univers : « C'est la jungle » ; « Tout le monde se tape dessus ». Toujours l'univers évoqué doit être repris, car c'est une façon de rentrer dans le monde de la personne qui vient consulter, de mieux saisir sa représentation de la situation, ses peurs, les portes de secours qu'il peut imaginer, et être plus à même de lui apporter une aide efficace.

Ensuite, lorsque le débit se fait plus lent, que les mots deviennent plus doux, bref, lorsque la peur fait place à l'apaisement, alors nous pouvons commencer à travailler pour reconstruire ce qui a été détruit.

La nécessité d'une parole sensible

Ce qui ronge la plupart d'entre nous, c'est précisément cette absence de parole juste, de sensibilité à autrui. Cette situation où rien n'est dit ni expliqué, sauf sous l'angle économique, est de plus en plus fréquente dans les grandes organisations, et c'est une des raisons qui minent progressivement la solidarité, l'esprit de décision, la motivation.

Paul, diplômé de Supélec, est informaticien dans une grosse entreprise industrielle. Son discours ne nécessite pas d'interprétation : « On était une équipe, on travaillait bien, avec le temps on avait réussi à bien fonctionner, à être complémentaires, c'était huilé ! "Ils" ont parachuté un gars venu de nulle part pour nous manager, allez savoir pourquoi... Bien sûr, il voulait servir à quelque chose, alors il a tout réorganisé. Il ne nous a pas écoutés. Trente pour cent au moins de notre énergie est alors passée dans les paperasses, les rapports qu'il a exigés. C'est du non-sens. On n'a rien dit... ça ne sert à rien. Petit à petit, il a donné des responsabilités à l'un, en a retiré à l'autre... L'ambiance entre nous est devenue détestable. Je n'ai pas voulu rentrer dans ce jeu : je me suis isolé. Cela m'a été reproché à l'entretien annuel : j'étais trop "dans mon coin" ! Aucune considération, bien sûr, pour ce que j'étais "avant" : un homme heureux d'aller travailler, en lien avec les autres.
Aujourd'hui, tout s'est cassé, les autres ont fini par partir ; il faut dire que le service a éclaté en plusieurs divisions. Je suis un peu le free-lance de la boîte, on ne peut pas se passer de mon expertise : une chance ! »
Paul s'implique dans une association dont il espère qu'elle pourra remplacer sa vie en entreprise d'ici quelques années. Il reste cependant vigilant à ne pas reproduire le même modèle de management. « J'ai des valeurs ! Je mets l'humain au premier plan, les affaires en deuxième. Ce sera à prendre ou à laisser pour mes associés. »

Le management, en effet, est la pierre angulaire des systèmes organisationnels. Il est parfois conçu de telle façon qu'aucune marge de liberté ne peut être exprimée de manière individuelle, ce qui entraîne des injustices... « librement » acceptées.

Marianne m'explique comment son mari, victime d'un accident au travail, a dû reprendre son poste. « L'entreprise a institué un système de primes au rendement des équipes. Déclarer un accident du travail fait perdre la prime à son groupe. Mon mari avait intérêt à revenir travailler pour éviter de se faire mal voir de tout le monde, et puis il y en a qui ont des enfants et une maison à payer, il ne pouvait pas leur faire ça, il ne l'aurait jamais supporté. »

Ce type d'entreprise, où en apparence la solidarité est exemplaire, cache en fait un système pervers où nul n'a le droit de se plaindre, de « lâcher », d'oser dire ce qui l'atteint. Tout peut être réutilisé contre l'individu. Chacun, dans ce type d'organisation, est déshumanisé, le lien n'existe pas. Et le sens ? Se reconstruire dans de tels environnements est impossible. Ils achèvent de miner le peu d'estime que les personnes se portent encore.

Actuellement, le travail est de moins en moins un lieu où l'être humain est reconnu. Le manque de solidarité dans les grandes entreprises tue petit à petit toute envie de rendre service, d'aider un collègue au détriment de ses propres objectifs. Le type de management que connaît le mari de Marianne se rencontre de plus en plus fréquemment : un lieu de scènes meurtrières pour l'ego, la fierté du travail bien fait, un lieu où l'argent prime sur le reste.

Une entreprise peut être un lieu où l'on partage, expérimente, travaille avec compétence et convivialité. Ce peut être un endroit où l'individu est important, où il se sent reconnu, où il a toute sa place, où les rapports de travail sont aussi des rapports fondés sur le respect et la considération. Nombre d'entreprises suivent ce modèle, malheureusement ce ne sont pas celles-là qui font la une de la presse.

Dans ces environnements, une personne est capable d'apprendre à être elle-même, à donner ce qu'elle a de meilleur, à oser abandonner ses mécanismes défensifs.

10.

Les quatre types de motivation au travail

> « Lorsque l'individu choisit bien ses buts, qu'il a le courage de persévérer dans leur poursuite et qu'il s'engage à fond dans l'action, il n'a pas le temps d'être malheureux ; il tisse un sens à la trame de sa vie et regroupe pensées, sentiments et actions en un tout harmonieux. »
>
> Vincent de Gaulejac

Le travail est le terrain de jeu des adultes où s'actualisent leurs passions, leurs haines, leurs hésitations, limitations, potentialités. En fonction de notre histoire, nous choisirons une direction qui pourra éventuellement évoluer avec le temps.

Les quatre grands types de motivation présentés ici ne sont pas forcément juxtaposables avec les théories classiques de la motivation, dont la plus connue reste celle d'Abraham Maslow. On peut cependant tenter l'exercice.

Rappelons d'abord celles décrites par le psychologue américain, qui découlent selon lui des besoins vitaux de l'individu, du plus élémentaire au plus sophistiqué, constituant les cinq niveaux croissants d'une pyramide dont le sommet ne peut être atteint que lorsque tous les niveaux antérieurs ont été satisfaits. Par ordre d'importance, nous retrouvons ainsi :

– les *besoins physiologiques*, directement liés à la survie du corps, qui constituent la base de la pyramide ;

– le *besoin de sécurité*, comprenant le besoin de se loger, de pouvoir rendre son avenir un tant soit peu prévisible ;

– le *besoin d'appartenance*, c'est-à-dire le besoin d'entretenir des liens avec d'autres, d'avoir des racines, de connaître ses origines ;

– le *besoin d'estime*, compris comme s'aimer soi-même et aimer les autres ;

– le *besoin d'actualisation*, qui renvoie à la nécessité de se réaliser, de s'exprimer.

Les motivations fondamentales, notamment celle visant la sécurité, seraient représentées par le *Maçon* : celui-ci marche sur les traces de ses parents, voire de ses ancêtres. S'il prend la direction opposée, il construit autre chose, à sa manière. Mais il reste malgré lui sur un sillon. Il réfléchit en fonction de là où il est, et non par rapport aux potentielles nouveautés qui s'offrent à lui, comme le fait le *Chevalier*. Ce dernier s'apparenterait plutôt à la dernière strate de la pyramide de Maslow : soit le besoin de s'actualiser, de se réaliser, d'exprimer son potentiel. Entre ces deux catégories, le *Fou du roi* chercherait à (re)conquérir sa propre estime en créant et en exprimant ce qu'il a au fond de lui, et le *Panseur* à être en lien, en réparant ce qui a été douloureux pour lui ou ce qui a manqué à sa famille, et en se rendant indispensable, ne serait-ce que symboliquement.

Ainsi, au cours d'une carrière professionnelle, une direction peut laisser place à une autre. Cela explique aussi pourquoi nous pouvons travailler différemment selon les périodes de la vie : nous pouvons passer de Chevalier, par exemple, en début de parcours, à Panseur à mi-chemin, puis à Fou du roi en fin de trajectoire : les combinaisons sont multiples. Une seule vigilance : être à l'écoute de soi ! Consulter chaque jour son baromètre intérieur : « Fait-il beau ? Je continue. Grêle-t-il ? Je reprends la barre et rectifie la direction. »

Le Chevalier : oser l'inconnu

Le Chevalier avance sans peur, mais rarement sans reproches ! Il va vers l'inconnu, souvent vers lui-même. Il réalise quelque chose d'inédit, de jamais « pensé » dans sa famille. Sans forcément le savoir, il suit son intuition, brave les obstacles, ose et puise sa force dans son audace. Ainsi est-il « sans peur », ou tout au moins apprend-il à la gérer car, comme il dit souvent : « C'est ça ou mourir. » Quelles sont donc ces personnes « pionnières » qui, par leur détermination, leur courage et leur audace, osent ainsi reconfigurer leur schéma d'origine ?

Pour elles, un métier aide à conquérir un espace jusque-là interdit. Le Chevalier peut agir également par esprit de revanche : « Je leur montrerai ce dont je suis capable, puisqu'ils ne le voient pas ou puisque je n'en ai pas, selon "eux", le droit. » Le « eux » en question faisant référence à la famille, mais aussi à la société.

Au cours de ma pratique, j'ai constaté que les Chevaliers avancent par instinct, et parfois même par instinct de survie. Ils peuvent appartenir à n'importe quel secteur d'activité, mais sont le plus souvent entrepreneurs, artistes ou intellectuels. Un jour, quelque chose leur a été interdit ou les a marqués, et toute leur vie s'en est trouvée bouleversée. Ils ont suivi leur « petite voix intérieure ».

Sœur Emmanuelle, par exemple, appartient à cette

catégorie. Après une vie dévouée à l'enseignement et à la religion (relevant peut-être de la motivation du Panseur), elle a eu une « révélation » et a décidé, à plus de 60 ans, d'aller au Caire aider les enfants des bidonvilles.

Le Chevalier a souvent une détermination sans faille. Rien ne peut l'arrêter, il veut (et peut !) rendre tout possible. Cette « vérité » intime montrée au grand jour donne parfois lieu à de grandes choses : le *David* de Michel-Ange, que d'aucuns jugeaient à l'époque « humainement impossible » à réaliser, a été le fer de lance du grand sculpteur, qui n'avait pas 30 ans ; il s'est lancé dans l'aventure sans hésitation, mû par une concentration extrême et une forte conviction.

Le point commun de ces Chevaliers est que, souvent, ils disent ne pas avoir eu d'autres choix que celui de se lancer à corps perdu dans leur aventure. Souvent présentée comme une « question de vie ou de mort », leur audace, source d'exemple, laisse généralement sans voix.

> Ida a une fille de 18 ans, Anaïs, qui vient de décrocher son bac S avec mention bien (« à trois points de la mention très bien », précise-t-elle). Cette dernière a décidé de partir six mois en Nouvelle-Zélande avant de se lancer dans un CAP de pâtisserie.
>
> Lorsque je rencontre Ida, Anaïs est déjà partie : désespérée, sa mère s'interroge sur les choix de la jeune fille. Elle accuse ses neveux (qui font tous des BEP, sauf un qui fait une école d'ingénieurs) de l'avoir influencée. J'interroge donc Ida sur sa propre histoire scolaire et professionnelle.
>
> Ida voulait faire des études. Ses parents le lui ont refusé : « Tu feras un BTS, ce sera déjà assez bien pour toi », lui a dit son père. Ida précise que, dans sa famille, les filles n'ont pas le même accès aux études que les garçons. Ses frères, eux, ont eu la possibilité de devenir ingénieurs. Seul l'aîné a réalisé ce projet, les autres sont techniciens aéronautiques.
>
> À la lumière du génogramme de la famille d'Ida, je constate que

les femmes ne travaillent pas : elles élèvent leurs enfants, en ayant fait ou non des études supérieures. Si études il y a, c'est dans le soin qu'elles sont orientées. Elles ne sont jamais plus diplômées que les hommes. Quant à ceux-ci, ils ont, au maximum, un niveau bac plus cinq.

Ida a entrepris des études de médecine, qu'elle a réussies tout en travaillant à plein temps, un véritable exploit dont elle n'a pas l'air d'avoir conscience. Elle s'est arrêtée lorsqu'elle est tombée enceinte de sa fille « parce que, quand même, il faut être raisonnable, je ne pouvais pas faire autrement ». Elle s'est arrêtée après cinq années de médecine.

L'équation à résoudre, pour Ida, était vraisemblablement : « Comment satisfaire mes ambitions tout en respectant l'ordre en place (les femmes ne dépassent pas les hommes), les valeurs inculquées (les femmes élèvent leurs enfants, elles ne travaillent pas si elles en ont, et, si elles étudient, c'est exclusivement dans le domaine du soin aux autres), et mes désirs (faire de longues études) ? » La réponse : « En étudiant quelque chose de difficile (la médecine) qui est dans le soin aux autres (tradition féminine dans la famille) et en arrêtant après cinq ans (car les femmes ne dépassent pas les hommes) pour élever son enfant. »

Munie de ces indications, je fais remarquer à Ida que sa fille, à sa manière, fait quelque chose de tout aussi extraordinaire qu'elle et de tout aussi « dissonant », tout en restant dans la « légalité familiale ».

En effet, partir seule six mois en Nouvelle-Zélande avec juste un sac à dos et quelques centaines d'euros en poche est un vrai défi pour une jeune fille de 18 ans. Pour elle, l'équation à résoudre peut être : « Comment être pionnière tout en ayant des ambitions et sans faire comme ma mère ? » En outre, tout comme Ida avait, en reprenant ses études, « combattu » sa propre mère, Anaïs, en choisissant aujourd'hui l'attitude inverse, fait de même, mais toujours dans cet esprit de combativité, et pour « exister ».

Ida a pu replacer la situation dans un autre cadre et considérer le comportement de sa fille différemment, non pas comme une « lubie bizarre » mais comme une véritable action de femme, qui démontrait en outre une vraie proximité filiale entre elles ! À la suite de ce travail, Ida s'est révélée très soulagée et a pu de nouveau se montrer bienveillante envers sa fille, lui faire confiance.

Être un Chevalier comporte le risque d'être rejeté, pour un temps ou définitivement, par ses proches, car c'est en général l'incompréhension qu'ils retiennent de ces décisions et comportements novateurs. Mais c'est souvent pour exister tel que l'on est et le faire savoir que l'on devient Chevalier. N'écoutant que son courage et armé de sa détermination, celui-ci avoue souvent que le chemin a été long avant d'obtenir encouragements et signes ostensibles de reconnaissance pour le travail effectué.

Si vous vous sentez Chevalier, vos initiatives effrayent parfois les autres. Elles peuvent également susciter chez vous une forme d'intolérance par rapport aux gens qui ne pensent ou ne font pas comme vous. Vous pouvez vous épuiser à toujours partir défricher des terres inconnues. Prenez donc le temps de vous reposer, de méditer en silence, d'écouter : bref, soyez en contact avec votre vie intérieure pour établir un lien plus émotionnel avec les personnes importantes pour vous, et ce afin de développer des relations justes, tranquilles et remplies d'empathie.

Le Panseur : se réparer ou réparer les autres

La réparation est une motivation puissante pour choisir et exercer une profession. On peut être Panseur ou Pansé.

Le Pansé cherche avant tout à se réparer lui-même.

Il exerce son travail parce qu'il lui permet de se reconstruire une sorte de deuxième famille, où l'ambiance chaleureuse et la reconnaissance qu'il reçoit lui font chaud au cœur et le soignent.

Barbara manage le service comptable d'une grosse entreprise depuis que sa supérieure a été promue au poste de directrice financière. Elle est timide, manque de confiance en elle en raison, dit-elle, d'une éducation très stricte. Sa responsable lui avait déjà beaucoup apporté, par sa patience et sa bienveillance. Mais la promotion est venue réveiller de vieux fantômes : Barbara n'aime pas tellement le changement, d'autant qu'elle doit à présent manager d'anciennes collègues.
La solidité de sa responsable doublée de la bonne ambiance dans l'équipe que Barbara a su créer ont rendu cette tâche moins difficile qu'il n'y paraissait au premier abord. Barbara se sent « grandie » depuis qu'elle a intégré cette entreprise : sa motivation est forte, elle s'enhardit de plus en plus, et sa supérieure, à présent, la pousse à aller voir ailleurs. Mais sur ce point, la jeune femme de 35 ans ne se sent pas encore prête.

Le travail peut réparer des blessures enfantines, car nous projetons sur nos supérieurs hiérarchiques les mêmes attentes que celles dont nous souffrions plus jeunes, au même titre que nos collègues sont une sorte de « fratrie recomposée ». Car, sinon, comment expliquer ce respect de la hiérarchie, cette crainte à aller demander une augmentation ou à dire ce qui ne va pas ? La façon dont le manager reçoit la personne va réveiller chez elle des émotions, des réflexes, et des schémas relationnels répétitifs vont s'instaurer. À moins que les situations de travail ne soient source d'apaisement émotionnel : grâce à de bons managers, qui savent reconnaître le travail bien fait, prennent le temps de se former à la relation humaine, nombre de personnes sont ainsi stabilisées dans leur travail et y trouvent intérêt, malgré des tâches parfois répétitives.

Le problème peut venir ensuite d'un licenciement, remettant à vif les plaies à peine cicatrisées. Dans ce cas, comme dans celui d'un divorce, l'argent semble être le médiateur le plus demandé pour que la réparation soit « recevable ». Certains licenciements sont de vrais traumatismes. Il faut parfois du temps à une personne pour verbaliser ce qu'elle a ressenti comme une violence, une injustice. Le Pansé a souvent besoin d'empathie et une grande soif de reconnaissance, parfois inextinguible.

Réparer les autres, être un Panseur, est une motivation fréquente dans le monde soignant. Éducateur, assistante sociale, psychologue, psychomotricien, mais plus généralement tous les métiers en lien avec la santé mentale, physique, émotionnelle, sociale, relèvent de cette motivation. Les Panseurs sont donc nombreux ! Parfois, pris dans les exigences d'un rythme effréné, ils ne trouvent plus de sens à ce qu'ils font. C'est alors qu'ils « posent leurs valises » et peuvent être amenés à se réorienter ou à définir eux-mêmes leur rythme de travail, en changeant de statut ou de type de service.

À l'inverse, certains métiers sont difficiles pour les Panseurs : travailler dans le contentieux, par exemple, ou l'expulsion des SDF, ou dans un travail purement administratif, dénué de sentiments. Souvent, la personne tient d'autant plus longtemps qu'elle exprime sa motivation dans des activités bénévoles annexes. C'est pour cela que le bénévolat est utile : outre le développement relationnel qu'il occasionne, il peut permettre de développer des compétences et satisfaire son altruisme. Pour un Panseur, c'est là une nécessité. Mais attention au risque d'épuisement ! Car son point faible est la fatigue : s'il le pouvait, le Panseur serait à pied d'œuvre vingt-quatre heures sur vingt-quatre.

Parfois, on a été tellement « pansé » que l'on en devient Panseur.

Gregory est chirurgien spécialisé dans les pathologies du genou. Ce qu'il aime avant tout, c'est réparer les os cassés, mais aussi les âmes, donner de l'espoir, rendre de nouveau possibles la marche, la course, la mobilité…
Lorsqu'il était jeune, passionné de moto, il a fait de fréquents séjours à l'hôpital. « J'ai dû me faire en tout une dizaine de fractures : jambes, bras, épaules… J'ai passé beaucoup de temps hospitalisé. Cela a coulé de source pour moi : je voulais aller voir de l'autre côté de la barrière, devenir moi aussi un magicien réparateur. J'ai beaucoup de plaisir à faire ce que je fais, cela a du sens pour moi. »

Être Panseur peut cependant prendre d'autres formes, notamment si l'on n'a pas pu faire des études médicales, paramédicales, sociales ou éducatives. Ainsi, garagiste, restaurateur d'œuvres d'art ou même généticien, comme nous l'avons vu au premier chapitre avec l'histoire de Philippine, peuvent trouver leurs motivations d'origine dans ce registre de la réparation.

Un danseur étoile de l'Opéra de Paris racontait à la télévision que sa mère adorait l'opéra et que, alors qu'il n'avait pas encore 6 ans, il regardait les cassettes vidéo de danse que celle-ci lui donnait. Un jour, il avait eu comme une « révélation » : il serait danseur d'opéra !

Il est Panseur dans la mesure où il a réalisé le rêve de sa mère, bien que celle-ci ne lui en ait jamais parlé. La transmission des loyautés se fait ainsi : inconsciemment. Mais il est heureux de le faire, et c'est cela qui compte : le bonheur qu'il a reçu de sa mère, il le redonne, l'équilibre est trouvé, et il vient profondément de lui. Comment expliquer de telles alchimies, de telles « grâces » ? Magie fluide des inconscients…

S'il arrivait à transcender et à dépasser ce lien qui l'unit à sa mère, s'il arrivait à créer quelque chose, un style, un mouvement, un spectacle par exemple, nous pourrions revoir l'exemple de ce danseur à la lumière d'une autre motivation : celle qui anime le Fou du roi, ou celle du Chevalier, pourquoi pas ?

Le métier en lui-même est une indication, mais de multiples facettes touchant l'activité peuvent être significatives. Ce qui est important, c'est de les relier à l'histoire de la personne, de voir si elles font sens pour elle.

Pour savoir si vous êtes Panseur, demndez-vous à quand remonte votre désir d'exercer votre métier, interrogez-vous sur la façon dont vous le faites et pourquoi vous l'avez choisi. Prenez le temps de faire le point sur les autres parties de votre vie et regardez si vous savez dire non de temps en temps, pour *penser* aussi à vous. On ne se rend pas service à soi-même en s'épuisant pour les autres. Or, s'oublier pour les autres, voilà la caractéristique première d'un Panseur ! Prendre soin de soi est le premier axe de développement pour le Panseur. Cela permet toujours de mieux se (re)connaître.

Le Maçon : consolider ou construire

Renforcer le sentiment d'appartenance à une lignée, une famille, voilà la source de motivation du Maçon. Pour lui, il s'agit de consolider, d'assurer la continuité, le relais. Parfois, reproduire un même métier ou suivre une voie similaire dans une même entreprise sert à enraciner les liens avec tel ou tel membre de la famille.

Carole appartient à une grande famille du nord de la France. Du côté de sa mère, bon nombre de ses oncles et tantes travaillent dans le secteur social et associatif : aide sociale à l'enfance, aide aux plus démunis, aide aux femmes isolées... Carole a deux sœurs : toutes les trois se sont naturellement tournées vers ce domaine. « Cela fait partie des valeurs de notre famille, dit-elle. Depuis que je suis enfant, je baigne là-dedans. Lorsque nous sommes tous réunis (pour Noël, par exemple), nous avons plaisir à parler de ces sujets, à échanger sur nos métiers. Cela renforce nos liens, nous signifie que nous appartenons à la même famille, que nous sommes pareils. »

Il arrive que ce soit vrai, qu'effectivement le Maçon n'ait pas tellement le choix : dans certaines régions, l'emploi est limité et la plupart des familles se répartissent les deux ou trois grosses entreprises du coin. Il n'empêche, le Maçon ne remettra en question ni sa direction ni sa façon de vivre : pour lui, il est évident qu'il restera et reproduira ce que ses parents, grands-parents, voire au-delà, ont contribué à édifier, qu'il sera fidèle et loyal envers sa famille.

Anne, par exemple, dont nous parlions au chapitre 2, fait figure de Chevalier tandis que le reste de sa famille (cousins, cousines, tantes, oncles, etc.) est dans la stricte reproduction du schéma familial : mêmes métiers, mêmes aspirations, mêmes trajectoires probables. Ainsi, un Chevalier se trouvant dans une famille de Maçons éprouvera des difficultés à comprendre les autres et à se faire comprendre d'eux.

« Depuis que vous m'avez dit cela, me confie Xavier, vendeur dans une grande entreprise de chaussures, je me suis aperçu que, dans ma famille, on est tous dans la chaussure ! Mon père, mon grand-père, mon arrière-grand-père qui fabriquait des bottes... Moi qui croyais que j'exerçais ce métier par choix... en réalité, j'ai opté pour la solution de facilité : la chaussure, je connais ! Le produit comme les entreprises : oui, pour moi, ça a coulé de source, pas d'obstacles en vue, c'était normal. Mais ce qui est incroyable, c'est que je n'en avais pas conscience. Alors que quand je fais mon génogramme cela saute aux yeux ! Comment ai-je fait pour ne pas m'en apercevoir ? C'est cela qui m'étonne. »

Les évidences ne sont pas toujours visibles au premier coup d'œil. Baigner dans un milieu, des discussions, depuis sa plus tendre enfance n'incite guère à s'interroger ! On ne prend du recul que si l'on accepte de mettre sa famille en perspective. Pour cela, l'aide du génogramme est précieuse : avec l'aide d'un tiers, psychologue le plus souvent, psychanalyste ou psychothérapeute, il permet de décoder, découvrir des codes secrets, repérer des alliances senties : en un mot un autre regard, extérieur, différent, sur soi au sein de sa famille.

Oui, le Maçon perpétue, mais il peut, s'il se détache suffisamment de sa famille et de l'œuvre de celle-ci, devenir un Chevalier, comme le montre l'exemple d'Isabelle.

Isabelle Filliozat raconte, sur son site Internet, qu'elle a hésité avant de devenir psychothérapeute, parce que ses parents exerçaient cette profession ! Était-ce par goût réel ou par souci de ne pas se séparer ? Après quelques atermoiements, elle s'est dirigée vers la faculté de psychologie dont elle est sortie diplômée. Auteure de nombreux livres, elle semble donc répondre aux motivations du Maçon. Mais sa créativité et ses prolifiques ouvrages montrent qu'elle va bien au-delà, en ce qu'elle s'exprime et agrandit l'œuvre de ses parents.

Le Maçon aspire à une certaine sécurité, à la tranquillité : en reproduisant le schéma familial, il connaît peu ou prou ce qui risque de lui arriver dans la vie, et cela le rassure.

Une façon de faire vivre et revivre le passé, de l'actualiser, de le transmettre, de perpétuer ce qui risquait d'être oublié, consiste à s'orienter vers un métier déjà exercé depuis des générations. Pas forcément par un membre de la famille, mais par des membres d'une même communauté (région, pays). Ceux exerçant un « vieux » métier trouvent-ils là l'origine de leur motivation ? Chaque geste, répété et transmis à l'identique, assure la pérennité d'un savoir-faire, d'un patrimoine culturel... et d'abord familial. Ce métier peut représenter la promesse d'une ascension sociale et l'accès à autre chose que ce qui était normalement prévu dans son milieu familial et social d'origine : monter son propre cabinet, exercer son leadership, transmettre, inventer et créer sa vie conformément à ses valeurs et à ce qui a été transmis. Le métier est source d'une intégration réussie, « familialement » correcte.

Éric me dit être « dans le coma » dans son entreprise d'informatique. Passionné de chevaux et de matières nobles (le cuir, les métaux), il appartient à deux associations médiévales qu'il contribue à faire vivre en dessinant et fabriquant des habits d'époque, en simulant des combats d'épée à cheval lors d'exhibitions festives... Il décide de couper court à une orientation qui ne lui convient pas (« décidée pour moi par le principal dès le collège ») pour devenir maréchal-ferrant. Pour ce métier, il est « contraint » de revenir dans sa province natale, où habitent ses parents et ses frères, et de chercher un lieu d'apprentissage « en pleine nature ». En se réorientant, Éric nourrit son sentiment d'appartenance à une famille qu'il aime : un père qui lui a appris à bricoler et à respecter les animaux, une mère souriante qui lui a apporté sérénité et soutien, des frères avec qui il s'entend très bien. « Ce métier dans l'informatique, je l'ai exercé par ignorance, parce que j'ai écouté quelqu'un qui estimait savoir mieux que moi... et j'ai laissé faire », regrette-t-il. La tradition des professeurs que l'on écoute comme parole sacrée est encore vivace...

Un autre encore trouvera dans le métier de comptable l'occasion de rester en lien avec son père, sa mère ou son grand-père en reprenant soit la même activité au même endroit, soit l'entreprise familiale. Là, peu importe le métier, seule la continuité de l'activité compte.

Parfois, on est Maçon sans l'avoir voulu, c'est-à-dire sans être motivé par ce que l'on fait. On reproduit parce qu'on n'a pas le choix : « C'est ça ou on te coupe les vivres », « Si tu fais autre chose, il risque de t'arriver malheur ! » et autres spectres brandis. Un Maçon qui n'est pas satisfait de son travail s'ennuie ferme et peut déprimer. C'est comme si on lui avait promis monts et merveilles et qu'il réalisait que, finalement, le paysage est aride, ou que la reproduction du schéma familial sécurisant tant attendu n'est en fait pas si rose que cela.

Amandine travaille dans une grande compagnie d'assurances. « C'est tous les jours la même chose, se plaint-elle. Pour certaines de mes collègues, ça va, mais pour moi, quel ennui ! C'est vrai que j'ai la sécurité de l'emploi, alors je ne dis trop rien... Mais les objectifs sont constamment changés et revus à la hausse, il faut faire tant de dossiers, tant par jour, par semaine, sinon... Et puis les process sont de plus en plus lourds, car il faut vérifier, revérifier sans cesse. Dans ma famille, on a toujours travaillé dans de grosses sociétés, mais tout a bien changé ! Aujourd'hui, ce n'est plus comme avant : il faut sans cesse s'adapter pour réaliser des choses et ensuite, hop ! on change de cap, il faut tout recommencer. Je ne sais plus où j'en suis, je ne sais pas ce que je peux faire d'autre, voilà le problème... »

Parfois aussi, il faut bien le dire, l'orientation scolaire est inadaptée. Combien de personnes, jeunes ou moins jeunes, viennent consulter, une fois adultes, des spécialistes de l'orientation professionnelle parce qu'elles se plaignent d'avoir été mal aiguillées après l'école !

Nathalie, 37 ans : « Moi, j'avais dit que j'aimais bien la coiffure. Ils m'ont dit : “Ah, mais il n'y a plus de place, vous irez en secrétariat.” Maintenant, je suis secrétaire, comme ma mère. Bon, c'est vrai que je ne me suis pas rebellée... J'ai été défaitiste, j'ai pensé : "Ils veulent ça, c'est comme ça, c'est tout." »

Ainsi, le Maçon peut l'être malgré lui. Cependant, Nathalie n'a pas exprimé très vivement ce qu'elle désirait réellement... un « défaut familial », d'après elle. Mais alors, peut-on exclure dans cet exemple toute fidélité au schéma maternel ?

À l'instar du Maçon, vouloir (et faire) exactement l'opposé de ses parents, de sa famille, existe aussi. Les deux vont de pair comme une photo ne peut être développée sans son négatif : en s'opposant, on exprime son refus de « faire pareil », mais on est attaché de la même façon ! Ainsi, même si apparemment l'« anti-Maçon » ne fait pas la même chose que ses parents, au fond sa motivation n'est pas plus libre que celui qui reproduit le schéma familial à l'identique. Si elle l'est, alors il s'agit d'un Chevalier.

Si vous êtes Maçon, peut-être faites-vous preuve parfois de rigidité par rapport aux innovations dans le domaine où vous excellez, tant est grand votre désir de perpétuer des traditions ou des modèles éprouvés. Dans le cas où vous avez du mal à vous ouvrir à d'autres univers, à accroître votre souplesse (y compris physique), cette réflexion devient un axe de développement particulièrement intéressant pour vous.

Si vous vous sentez prisonnier de votre famille, de ses valeurs, de votre éducation, si tout ce qui ressemble de près ou de loin à ce qui vous a été inculqué vous rebute et que vous ne voulez même pas en entendre parler, alors vous développez la même rigidité et les mêmes blocages que lorsque l'on est exclusivement centré sur ce que notre famille nous a appris. Explorez les avantages des deux côtés et donnez-vous l'occasion de choisir, au lieu de rejeter systématiquement ce que vous n'aimez pas. Le monde est complexe et tout s'intègre dans tout, rien n'est à jeter absolument.

Le Fou du roi : s'exprimer

Le Fou du roi n'a qu'un besoin, qu'une envie, qu'une raison de vivre : s'exprimer. S'extraire d'un monde contraint, étriqué, dans lequel il étouffe. Il veut partir, créer, inventer... s'inventer peut-être ? Le Fou du roi a des choses à dire, n'en déplaise : parfois, un métier sert à « se dire », ou à dire ce qui a été tu.

La première fois que j'ai évoqué l'idée de ce livre, c'était à la soutenance de thèse d'un ami. Une jeune femme, assise à côté de moi, m'a fait poliment la conversation pendant que nous attendions notre ami commun et la cohorte de professeurs chargés d'évaluer son travail.

« Vous faites un livre sur les motivations au travail et leurs rapports avec famille ? Quel sujet passionnant ! Eh bien, moi, je vais vous le dire : j'ai voulu être journaliste parce que, dans ma famille, tout était secret. On faisait des cachotteries : "Ne le dis pas à Untel », et il y avait – je l'ai découvert bien plus tard – des "grosses casseroles". Mon orientation était toute trouvée : journaliste. Pour dire au monde tout ce qu'il doit savoir. En réalité, je sais bien que dans cette décision, j'avais tout simplement décidé de régler mes problèmes avec ma famille. Cependant, je suis heureuse, j'aime mon métier. Il me soulage chaque jour. Il me donne l'impression d'exister, car je m'exprime comme j'en ai envie, je crée chaque jour car j'écris de nouveaux articles – et des romans aussi – et c'est formidable pour moi. Si j'avais fait autre chose, j'aurais très certainement fait une dépression, ou bien j'aurais été à côté de mes baskets, peu efficace et sûrement désagréable de surcroît. »

Bien sûr, tous les journalistes ne sont pas des Fous du roi ! Ils peuvent tout aussi bien être Maçons, Panseurs ou Chevaliers, tout dépend de leur histoire. Cependant, les métiers en lien avec l'art, l'expression relèvent souvent de cette motivation.

Agnès Soral, dans l'émission de Mireille Dumas « Vie privée, vie publique » du 28 janvier 2009, parlait de ce qui l'avait conduite à son métier de comédienne. Issue d'une famille de notaires, élevée dans une ambiance très stricte (et même maltraitante), la jeune Agnès a su très jeune ce qu'elle désirait faire. Cachant à son père qu'elle s'était inscrite au conservatoire, elle a débuté, à 14 ans, une nouvelle vie. Ses spectacles parlent d'elle, sa dérision fait rire, elle est excellente. Voilà un très bel exemple de ce type de motivation.

Un Fou du roi peut être aussi pionnier. Alors il est clair que sa vie sera dirigée par lui et lui seul. J'ai ainsi connu un entrepreneur qui, à 32 ans, me disait pouvoir vivre de ses rentes, tant les entreprises qu'il avait montées avaient bien marché et qu'il les avait bien vendues : il s'attelait aujourd'hui à créer un journal, doublé du projet de devenir éditeur, et il avait commencé la rédaction d'un polar... Il appartenait bien à ces deux catégories à la fois.

En réalité, toutes les combinaisons vont ensemble ; mon propos n'est pas de mettre des gens dans des cases mais bien de faire comprendre que nos motivations au travail ont des racines communes : il suffit d'aller les écouter, de les explorer. Aller chercher où se niche son désir, afin de mieux appréhender où nous en sommes, ce que nous avons à faire pour être bien au travail, pour prendre du plaisir à vivre, à exercer nos compétences, exploiter nos talents. Pour paraphraser Edgar Morin, « la partie est dans le tout » et vice-versa : les activités bénévoles (faire la lecture à des personnes âgées ou à des malvoyants par exemple) peuvent amorcer une nouvelle activité professionnelle qui ne sera formalisée que des années plus tard, tout comme le travail peut devenir une activité bénévole si l'on veut y mettre d'autres valeurs que celles pour lesquelles nous sommes employés.

Béatrice était directrice financière d'une filiale d'une compagnie d'assurances. Depuis longtemps, elle faisait son travail sans passion, mais sans désintérêt non plus. Elle aime mieux les langues étrangères, l'enseignement et le théâtre. C'est une opportunité qui lui avait fait accepter ce poste, dont depuis dix-huit ans, bon an, mal an, elle s'accommodait. Celui-ci avait peu évolué pendant toutes ces années, quoiqu'il la laisse assez libre de son temps.

Après un cap difficile, dû essentiellement à un changement de direction accompagné d'un cortège d'injustices et de manipulations, elle a décidé de se lancer bénévolement dans le soutien à une jeune chanteuse qui a la particularité de chanter aussi pour les sourds et muets grâce à la langue des signes qu'elle connaît parfaitement et qu'elle utilise sur scène. Béatrice, séduite par ce projet hors du commun, a utilisé ses compétences professionnelles pour gérer les spectacles de la chanteuse, suivre ses comptes, négocier ses contrats, devenant petit à petit une personne indispensable pour la jeune femme. Après avoir continué à exercer un temps dans son entreprise, Béatrice s'est fait licencier et vient de redéfinir les contours de son activité en les élargissant. Désormais, c'est toute sa vie qui prend un sens et lui redonne l'énergie qu'elle avait perdue.

Béatrice éprouve beaucoup de plaisir à exercer ses compétences dans sa nouvelle activité bénévole, qui lui apparaît comme une invitation à « être elle-même ». Grisée, elle se sent « revivre » depuis qu'elle donne un sens plus proche de ses valeurs à ce qu'elle fait.

Le principal obstacle qui menace l'épanouissement du Fou du roi serait qu'il se déconnecte de la réalité, ne vive qu'en fonction de ses rêves, de manière égocentrique sans plus penser aux autres. Qu'il soit tellement en dehors des contraintes matérielles au profit de son expressivité que ses rythmes physiologiques s'en trouvent bouleversés.

Théodore était artiste peintre. Il ne faisait que cela, oubliant de manger, ne dormant que lorsqu'il tombait de fatigue, buvant de l'alcool et du café pour tenir le coup. Lorsqu'il avait faim, il allait à la brasserie en bas de chez lui et commandait trois plats à la suite : il se rassasiait pour les trois jours à venir ! Et il recommençait... peignant sans relâche, accumulant les toiles. Ce sont les amis de Théodore qui finalement les ont portées à une galerie d'art et ce n'est qu'à partir de ce moment-là qu'il a commencé à gagner de l'argent. Il est mort d'une crise cardiaque quelques mois après.

Le Fou du roi a intérêt à rythmer un tant soit peu sa vie et à s'écouter pour conjuguer bien-être physique et mental. Même s'il n'aime pas la régularité, synonyme d'ennui et de banalité (lui qui, au fond, vise tout de même à être quelqu'un d'extraordinaire et reconnu comme tel), il doit la privilégier, ainsi que la simplicité, pour pouvoir tenir à long terme le marathon qu'il s'impose.

Si nous osons puiser dans nos souvenirs, nous serons en contact avec ce que nous aimions réaliser étant enfants.

Si nous osons puiser dans nos plaisirs quotidiens, ceux qui nous apaisent et nous font oublier le temps qui passe, nous aurons des pistes pour nous réaliser.

Si nous n'avons rien de tout cela, c'est que nous nous connaissons mal ; et alors, il est grand temps de commencer à nous apprivoiser, afin de vivre plus tranquillement avec soi, tout au long de sa vie.

11.

Sortir de la crise : le parcours de réappropriation de soi

> « Pour faire la paix avec un ennemi, on doit travailler avec cet ennemi, et cet ennemi devient votre associé. »
>
> Nelson Mandela

Souvent, la crise arrive sans crier gare, sans qu'on l'ait sentie venir.

Au niveau professionnel, elle peut s'être immiscée dans notre vie sans que l'on y ait prêté attention, comme par exemple à travers des petites actions du quotidien qui ne correspondent pas à notre éthique personnelle : mentir aux clients ou aux collaborateurs, devoir se taire devant une injustice pour garder son poste ou renouveler le CDD indispensable pour faire vivre sa famille (ou soi tout seul !), subir de petites mais répétitives humiliations (le collègue ou le patron qui ne vous salue plus le matin, le subordonné qui refuse de collaborer pour vous déstabiliser, des non-dits pesants...), des décisions absurdes que l'on se voit obligé de cautionner et même de soutenir auprès d'une équipe ou de clients[1]... Autant de comportements qui

1. Ou tout simplement un décalage entre qui nous sommes et ce que nous faisons, créant un malaise croissant...

laminent petit à petit la confiance et l'estime que l'on se porte, et qui mènent parfois jusqu'au *burn-out*.

Lorsqu'on arrive au constat que sa vie professionnelle n'a plus de sens, ou du moins en a considérablement perdu, que l'on veut absolument changer de voie, bref, lorsqu'une crise survient au travail, les interrogations affluent et, avec elles, la prise de conscience aiguë de ce qu'il nous manque, de nos faiblesses, nos forces, nos besoins. Dans ce contexte, il est difficile de sortir indemne de cette aventure avec soi-même. En général, la crise professionnelle va de pair avec une crise de couple, familiale (avec les parents notamment, même âgés), ou sociale (comme après un divorce, quand la dimension financière devient plus fragile), ce qui intensifie les difficultés, rendant sa résolution plus ardue.

De son côté, la crise personnelle connaît les mêmes interrogations et les mêmes angoisses : l'impression de « passer à côté » de sa vie, un sentiment épuisant qui suggère que l'on s'est trompé de route, un ennui profond chez soi…

Un jour, un élément déclencheur (qui peut être la découverte d'une infidélité, un licenciement ou simplement un « mot de trop ») nous fait savoir en nous-mêmes que continuer à se voiler la face n'est plus la solution. On ne peut alors faire l'économie d'affronter cette nouvelle réalité qui nous plonge dans un inconfort croissant. Après une période de stupeur et de paralysie qui accompagne ce moment de crise, une prise de conscience émerge, suivant quatre étapes :

– D'abord, l'idée de *finitude* nous obsède : tout a une fin, ce qui a été n'est plus. On pressent qu'une certaine forme d'insouciance va nous échapper à jamais, une sorte de rêve qui s'estompe : rêve sur nous-mêmes, notre vie…, des illusions qui s'envolent.

– Ensuite, il faut faire face à la *solitude* inhérente aux décisions que toute crise engendre : une nouvelle direction, un départ (on se sent seul et souvent incompris par son entourage), mais inhérente aussi à la *quête de sens* (« Pourquoi cela m'arrive à moi ? Qu'est-ce qui s'est passé ? »).

– Puis, la *responsabilisation* nous amène à déterminer la part active de ce qui nous arrive, pour ne pas se positionner comme une victime. Cela amène mille interrogations qui pourraient se résumer par la question : « En quoi suis-je responsable de ce que je vis aujourd'hui ? »

– En effet, en choisissant de continuer sur ce chemin, nous aurons raison des pressions de l'entourage et pourrons, du coup, sentir et faire vivre notre *nouvelle identité* personnelle et professionnelle.

Pour illustrer ces étapes, examinons l'exemple fictif de quelqu'un qui décrirait son parcours professionnel.

Dans un premier temps, avant d'y avoir réfléchi de manière approfondie, il va en parler de façon automatique, sans relief ni profondeur, en prenant soin de bien restituer les dates exactes. Ce souci pour l'exactitude est-il une réminiscence de l'école où il fallait bien réciter sa leçon ? Ou un automatisme dû au monde du travail (recruteurs, DRH, etc.) ? Rien n'est plus banal qu'une histoire professionnelle racontée de façon chronologique, linéaire : « Telle année je suis entré dans l'entreprise X, j'y suis resté trois ans, jusqu'à ce que je change et accepte tel poste dans la société Y où je suis resté quatre ans », etc.

Le changement est expliqué de manière apprise, mécanique le plus souvent, voire contrainte : une telle trajectoire racontée ainsi suscite rarement un intérêt autre que poli ou professionnel. En outre, ici, la personne ne parle que de son passé et se définit à partir de celui-ci. Tout se passe comme si elle faisait l'impasse sur ce qu'elle pourrait construire de différent, et c'est d'autant plus difficile que l'expérience professionnelle est longue.

Lorsque la personne a déjà amorcé une certaine

réflexion, qu'elle a exploré son histoire et commencé à s'en approprier les grands traits, son discours devient plus intéressant car les vraies informations sont alors communiquées : « Telle année, je suis entré dans l'entreprise X grâce à mon père qui y avait des relations. Je m'y suis bien plu mais j'ai dû partir pour incompatibilité d'humeur avec mon nouveau chef. Arrivé dans l'entreprise Y, rebelote : un chef difficile à supporter. C'est vrai que je suis resté quatre ans, mais en me syndiquant et en prenant des antidépresseurs. »

Lorsque je reçois quelqu'un pour la première fois et que je l'interroge sur sa trajectoire, ce qui m'intéresse et ce qui est aussi libérateur pour lui réside dans la façon dont il intègre les événements liés à son travail et ceux qui relèvent de sa vie privée, comment il comprend le sens de ses choix passés. J'accorde en effet beaucoup de poids à la manière dont il raconte sa carrière, explique ses changements de route en y incluant les éléments clés de son histoire personnelle. Je peux ainsi évaluer où cette personne en est concernant son histoire : en parle-t-elle de manière descriptive ou au contraire manifeste-t-elle une « intelligence sensible[1] » ? Comment a-t-elle déjà intégré les différents aspects de ce qui lui est arrivé et la façon dont elle a traversé sa vie ?

> « Telle année, je suis entré dans l'entreprise X parce que je croyais encore que je ne pouvais compter que sur mon père pour m'en sortir dans la vie, et pas encore sur moi. À l'époque, je me sentais si écrasé par lui – si puissant, si intelligent, si… tout ce que je croyais ne pas être – que toute figure d'autorité m'était insupportable car elle me renvoyait l'image de moi que je n'aimais pas : mou, sans conviction, sans personnalité, et surtout apeuré, enfantin. Je suis parti mais j'ai bien sûr recréé les mêmes symptômes dans l'entreprise suivante. Cependant, là, ça

1. Christine Cayol, *L'Intelligence sensible*, Paris, Village mondial, 2003.

s'est corsé. Je suis finalement tombé en dépression parce que je ne m'en sortais pas : j'étais toujours au combat. Mais contre qui me battais-je, finalement ? Contre mon père, croyais-je, alors qu'au fond, c'était contre moi-même : je refusais le système, j'étais là pour le faire exploser puisque c'était celui où excellait mon père ! Je n'avais de cesse de prouver au monde entier que j'étais capable de tout détruire pour reconstruire quelque chose de meilleur, de plus égalitaire, et où j'aurais *ma* place ! Ce n'est que lorsque j'ai osé regarder ma famille, lorsque je l'ai acceptée, que j'ai pu reconnaître d'où venait mon père, comprendre comment il m'avait élevé, pourquoi il avait été si dur, pourquoi il m'avait tant "embêté"... pour que je ne galère pas comme lui ! Tout ça, c'était par amour pour moi ! Mais bon Dieu, que de temps perdu ! Et d'argent... Cinq années de psychothérapie, où j'ai appris à regarder autrement ma famille.
Aujourd'hui, je suis professeur d'histoire, ça a du sens pour moi, j'aime transmettre et intéresser des jeunes à ce qui a contribué à créer la société d'aujourd'hui, et qui peut leur paraître parfois injuste ou difficile. »

Cette histoire – l'histoire de Paul – nous éclaire sur ce que la connaissance de soi et de l'histoire familiale peut apporter à la compréhension d'une trajectoire professionnelle. Nous en tirons en effet un « métasens », une vision globale qui aide à redéfinir la signification des actions posées par les parents, les grands-parents, celle des histoires de famille, qu'on peut raconter, et qu'il était parfois temps de revisiter.

La crise libère des espaces et des paysages intérieurs inconnus qui nous font perdre nos repères, ouvrant sur beaucoup d'incertitudes. La peur de l'inconnu et les doutes quant aux capacités pour y faire face vont fragiliser la personne, accroître le sentiment d'incertitude et lui faire perdre un peu de sa confiance. Or cette dimension est la première à être malmenée quand on perd l'équilibre dans sa vie professionnelle. Elle est une « compétence » à développer en permanence, à entretenir et à renforcer. C'est le rapport peur/sécurité qu'il est important de savoir gérer : trop de sécurité et l'on s'ennuie, trop d'inquiétude et l'on est paralysé. La clé réside dans le droit à l'erreur : se donner le droit de s'être trompé, celui de se tromper aujourd'hui. Ce qu'il est important de garder à l'esprit, c'est le sens que l'on met dans chaque action de sa vie.

Lorsque les fragilités personnelles sont trop fortes, le déni est une stratégie de refuge : tout va bien, rien n'est grave, il ne se passe rien, tout est hasard.

L'exemple de Marc montre ainsi comment une crise peut survenir et être étouffée dans l'œuf car trop envahissante émotionnellement. Il faut être mûr pour l'affronter.

Marc est ingénieur et consultant dans une grosse société industrielle. Il fait ce métier « par défaut ». En réalité, il rêve secrètement d'être comédien, ou tout du moins de travailler dans un milieu artistique et musical, car il joue également de la guitare et se produit parfois en public avec son groupe.
Englué dans ce qu'il nomme les « convenances sociales et parentales », il a terminé des études d'ingénieur sans grande passion. La femme qu'il va épouser est, dit-il, « comme le reste : classique », et il ajoute aussitôt : « Mais je l'aime, vous savez. »
Lorsqu'il me raconte sa vie, traçant une ligne et y plaçant d'un côté sa vie professionnelle, de l'autre sa vie associative, artistique et bénévole, je vois deux mondes : l'un lisse et grisâtre, l'autre mouvementé et plein de couleurs. « Je sais, dit Marc. Je n'arrive pas à choisir. » Quelques séances le soulagent, mais il met fin rapidement à sa thérapie.
La veille de son mariage, il glisse et se casse les deux jambes. Il se mariera en fauteuil roulant et reportera son voyage de noces « à une date ultérieure ». Le couple n'est toujours pas parti, plusieurs années après.

Ne pas choisir initialement, pourquoi pas, mais persévérer dix ou vingt ans dans une voie que l'on n'aime pas est suspect, tant qu'on n'y voit pas de sens : quel en est le bénéfice caché ? Nous avons toujours une part de responsabilité dans ce qui nous arrive, dans la mesure où nous pouvons fabriquer notre avenir en fonction de nos décisions face à l'adversité.

Nos premiers choix professionnels, s'ils ont été faits par conformisme, peuvent avoir suivi la même voie que nos premiers choix amoureux ; alors, en cas de crise, c'est toute la vie qui est remise en cause, pas seulement le travail. On peut se rendre compte, à cette occasion, que l'on répète quelque chose : « Papa a également traversé une période de troubles au même âge, est-ce cela que je reproduis ? Dans ce cas, où en suis-je aujourd'hui de ma liberté ? » Autant de questions qui n'ont pas de réponse immédiate, et qui nous renvoient à nous-mêmes.

Pour affronter une crise existentielle, professionnelle et personnelle, les quatre étapes détaillées ci-après indiquent le chemin à suivre pour sortir grandi de cette épreuve. Cela prend généralement plusieurs années : on ne balaie pas en quelques mois des années d'habitudes et d'enfermement émotionnel !

La finitude

On mène sa carrière en faisant les meilleurs choix possibles à chaque moment. On tente de réparer l'irréparable, tant bien que mal, grâce à un travail, une mission professionnelle (faire revivre un enfant mort, soigner la dépression de maman, lever les non-dits, survivre à la maltraitance, etc.), ou de rendre possible ce qui était jusqu'à présent inenvisageable (s'entourer d'art, de personnes qui soudain nous comprennent et constituent notre « deuxième famille », etc.). Ainsi, sauver une entreprise de la faillite, prendre les rênes d'une société familiale en se disant qu'on arrivera à mettre de l'ordre dans le marasme qui y règne depuis des années, faire gagner de l'argent pour enfin obtenir de la reconnaissance, rétablir une communication transparente dans une structure sclérosée par les secrets, sont des exemples pour lesquels l'investissement personnel est proportionnel aux enjeux pour soi. Or à l'heure actuelle, les limites entre tâche et psychisme tendent à disparaître chez l'employé tant on lui impose de contraintes ; autrement dit, le travail phagocyte le psychisme, voire l'âme des salariés. L'individu sera valorisé tant qu'il réussira selon les critères demandés[1]. Mais une contrariété survient dans ce schéma et c'est toute la vie professionnelle qui peut en pâtir, entraînant un manque de confiance en soi, une dépression, une dévalorisation. Car, dans ce jeu, il n'y a ni joker ni porte dérobée. On ne peut alors plus fuir sans se fuir soi-même : se confronter directement à ses propres zones d'ombre est la seule sortie possible.

Nombre d'hommes continuent de fonctionner selon le schéma « stakhanoviste », comme on le leur a appris, tandis que certaines femmes ouvrent les yeux à l'occasion de leur première grossesse. La maternité ainsi peut faciliter le deuil d'un certain mode de fonctionnement.

> Virginie, 29 ans, n'a pas du tout l'impression d'avoir choisi sa voie. « J'étais bonne élève, me dit-elle, alors j'ai fait S. J'étais bonne en maths et physique, alors j'ai fait une école d'ingénieurs. Au gala de mon école, j'ai rencontré mon futur mari. Vous voyez : tout cela était prévisible, rien que je n'aie vraiment choisi, tout est arrivé comme ça : après tout, mon mari aurait très bien pu être malade ce soir-là et moi rater mon bac ! »

1. Cf. Vincent de GAULEJAC, *Le Coût de l'excellence*, *op. cit.*

Je fais remarquer à Virginie qu'être bonne élève à l'école était, en ce qui la concerne, déjà un choix. « Mais personne ne m'a poussée à vouloir être bonne élève ! Mes parents ne m'ont jamais rien dit sur les devoirs ! » Bien sûr puisque Virginie, dès son plus jeune âge, s'est mise à travailler toute seule. « Ben oui, me dit-elle, ils galéraient tellement avec mon grand frère... Je me suis dit que s'ils en avaient deux comme ça... j'ai voulu leur épargner ça... »
C'est donc par « choix » que Virginie a décidé de s'appliquer, pour « ne pas créer d'ennuis supplémentaires » à ses parents. C'est cette même attitude qu'elle garde aujourd'hui au travail, et qu'elle décline selon plusieurs combinaisons comportementales : rester bien après l'heure sur un projet important pour le service, en accepter un autre, stratégique celui-là, pour répondre positivement à son patron qu'elle admire professionnellement, refuser une invitation pour un salon en Allemagne au profit d'un collègue proche de la retraite... Virginie ne pense jamais à elle. Alors, lorsqu'elle rentre de congé maternité, elle ne comprend pas qu'elle n'ait pas de félicitations lors de son entretien annuel. « J'ai pourtant donné le maximum en revenant de congé... On me dit que je dois prendre plus de risques et on me propose un poste que je ne peux pas prendre sans accepter de ne jamais voir mon fils... J'ai refusé. Je me rends compte que j'ai toujours fonctionné en faisant bien ce qu'on me demandait. Je croyais que c'était ça, la clé de la réussite. Or je n'en tire aucune récompense, bien au contraire. Pourtant, ça avait toujours bien fonctionné... »

De son côté, le couple se construit à partir d'un contrat tacite ; la vie professionnelle et le niveau de vie en font partie. Ainsi, changer de voie peut remettre en question tous les fondements d'une relation. Dans une nouvelle configuration, une femme qui travaillait peu ou pas se verra dans l'obligation de trouver un job à plein temps, par exemple. Ou, à l'instar de Virginie, refuser une voie professionnelle pourtant toute tracée implique qu'elle ne peut plus remplir son rôle d'épouse comme elle le faisait et qui correspondait à ce que le couple avait décidé d'un commun accord. Les conjoints peuvent alors aborder une période de crise. À l'inverse, pour une autre femme, un autre couple, si c'est l'homme qui change de voie alors qu'il représentait pour sa femme la sécurité (comme elle l'a vu peut-être dans le couple de ses parents, ou comme elle a projeté que ce serait avec son mari), celui-ci perd aux yeux de son épouse la virilité ou la force qu'elle espérait en lui. La crise éclate également car ce sont les représentations et les peurs qui sont touchées, au plus profond de soi : la sécurité n'est plus au rendez-vous.

On a tous dû affronter, un jour ou l'autre, un échec plus ou moins important. Il faut simplement savoir que ceux-ci font partie de la vie et s'y préparer. L'impermanence est l'une des clés de la sagesse bouddhiste. Savoir que rien n'est immuable permet de garder de la distance, sans empêcher l'implication : c'est être tout à la fois dans la détente et la vigilance. Ce sont ceux qui prennent le plus de risques qui se préparent le mieux à l'échec. Avoir à l'esprit que tout peut s'arrêter, à tout moment, et l'anticiper constamment aide à gérer les aléas de la vie. Malheureusement, le système organisationnel est tel que ce recul est difficile à prendre dans la réalité. Si l'on s'est construit sur des bases fragiles, on est souvent débordé et aspiré par le monde du travail, qui ne tolère souvent ni répit ni recul sur soi.

La solitude et la quête de sens

La famille, ou le couple, va passer par différents cycles de vie. La crise fait partie du passage obligé d'un état à un autre. Le questionnement qui apparaît à cette occasion est existentiel, et la vie professionnelle en fait partie. Ici interviennent nos compétences, ressources, autant de capacités d'adaptation pour développer notre adaptabilité, indispensable à l'esquisse de notre nouvelle vie. Encore une fois sera éprouvée notre solidité psychique. On peut réussir à « barrer » efficacement dans une mer agitée si on a appris à le faire par une éducation cohérente et aimante. Sinon, on risque de se faire mal ou bien de fermer les yeux en attendant la prochaine tempête ; un accompagnement est nécessaire alors : un coach, si c'est juste une question de savoir-faire, un psy, si c'est plus profond. Un jour, de toute façon, on est face à soi-même, et à sa solitude : continuer ou repartir différemment ? Ce deuxième axe n'est pas toujours compris de l'entourage.

Les conséquences collatérales avec sa propre famille sont en effet les enjeux de cette nouvelle étape dans la gestion de la crise personnelle et professionnelle : quelles vont être les répercussions financières, relationnelles de ce revirement ? Aussi la personne est-elle obligée de faire le point, sur tout : santé économique, santé physique (« Tiendrai-je le coup ? »), santé psychique (*idem*), santé du couple... De ces tensions voire conflits avec son entourage renaissent des émotions jusque-là refoulées (culpabilité, honte, doute de soi, etc.), qui, en remontant à la surface, peuvent déstabiliser. C'est comme si on vivait vingt ans en arrière. Pour le coup, nous entrons dans une complète remise en cause de nous-mêmes, nous amenant à nous interroger sur l'opportunité de continuer ou de revenir en arrière.

Dans le domaine de l'humain, rien ne se passe comme on le prévoit ou comme on le voudrait. Insidieusement, jamais d'emblée (ou alors c'est que nous n'avions pas conscience de notre frustration), arrivent la lassitude et l'envie de se renouveler, de tenter une autre activité, une vie différente. Mais à peine l'énergie du changement vient-elle pointer son nez que la peur arrive, et avec elle son cortège d'injonctions négatives sur nos droits et devoirs.

Apprendre qui l'on est, savoir vivre avec soi-même est indispensable. Savoir se situer dans sa famille également : quels ont été les grandes phases de notre vie d'enfant, d'adolescent ? Cette réflexion n'est pas aisée pour tout le monde. Parfois, les histoires de famille sont si compliquées qu'il est difficile de s'y retrouver !

Sylvie a peu de liens avec ses collègues, et avec l'extérieur en général. L'histoire de sa famille, surtout de son père, est complexe et, de plus, aucun mot n'est prononcé sur certains mystères : la grand-mère a-t-elle eu cinq ou sept enfants ? Pourquoi a-t-elle dit cinq alors que le livret de famille fait état de sept ? Qui était le père du père de Sylvie ? Pourquoi la grand-mère n'a-t-elle jamais voulu en parler ? Et pourquoi a-t-il toujours eu besoin d'avoir trois maîtresses en même temps que sa femme (la mère de Sylvie) ? Pourquoi celle-ci n'a-t-elle jamais rien dit contre son mari ? Le frère de Sylvie est-il vraiment son frère ?
Autant d'interrogations auxquelles Sylvie n'obtient pas de réponse, et pas question pour elle d'aller voir les intéressés : « Je n'obtiendrai rien, est-elle persuadée. Dans ma famille, on affabule beaucoup, impossible d'avoir la vérité. »
Chez les parents de Sylvie, personne ne sait vraiment qui fait quoi ni quand : chacun vit sa vie, se sert dans le frigo (pas toujours rempli), va à ses examens, son travail, part en vacances…
Sylvie n'a aucun souvenir de vacances en famille. « La famille, ça n'existe pas, c'est juste des gens qui habitent ensemble par commodité », estime-t-elle.
Sylvie ne fait pas le rapport entre son absence de relations au travail et dans sa famille. Elle ne sait pas créer de liens, même si elle en a très envie. Pour elle, cacher ses émotions, c'est être fort. À force de pratiquer cela, elle ne sait plus ce qu'elle ressent ni à quel moment. Alors elle ne sait plus rentrer en relation avec autrui, elle se sent tout de suite gauche, maladroite, ridi-

cule. Sylvie se juge sans arrêt. Elle a de grandes qualités qu'elle identifie mal.
Avoir des informations sur la façon dont nous avons vécu aide à grandir et à s'ouvrir. Tant que Sylvie ignore tout de ses racines, elle a du mal à être sereine dans ses liens aux autres. Son métier – ingénieur –, tout empreint de rationalité, l'aide à « tenir » dans une place où la technique est au premier plan. Mais l'expérience se faisant, Sylvie a conscience qu'il lui faut sortir de sa coquille pour communiquer avec aisance, ce qui est difficile pour elle. Elle doit réapprendre à s'écouter, se comprendre et, surtout, s'accepter et accepter d'où elle vient. De là elle pourra apprendre à trouver la distance nécessaire pour s'aimer. Ce travail sur elle, qu'elle vient d'entamer, est un chemin pour l'aider à faire le deuil de ce qu'elle aurait souhaité pour elle et qu'elle n'a pas eu.

Déchiffrer ses difficultés professionnelles à la lumière de son histoire est un chemin solitaire mais dont le but est de donner du sens à ce que nous vivons au quotidien. Murray Bowen invitait ses étudiants à repérer les « personnes significatives » pour eux dans leur famille et à aller les voir personnellement, pour rentrer en contact, changer de point de vue sur elles le cas échéant, et composer leur propre récit de famille. Pour lui, le processus de séparation de sa famille commençait par la différenciation, qui débutait par le récit lui-même : ne pas faire sien le récit des autres, mais fabriquer le sien propre, tel qu'un journaliste le ferait. Un tri s'opère ensuite : ce que la personne choisit de garder ou pas de cet héritage familial, après avoir compris la véritable histoire de sa famille. Cette démarche rend plus créatif dans les relations avec les autres, car une distance est prise : on est plus libre, on a plus d'espace.

C'est ce travail de réappropriation et de construction personnelle qui est mobilisé dans cette phase. Ce questionnement permet aux places de s'organiser et de s'installer dans notre esprit. Tout naturellement, nous revoyons également notre positionnement dans le monde social et professionnel, tout en comprenant mieux pourquoi tout cela est arrivé, à ce moment précis de notre vie. Quand la représentation de la famille bouge, tout bouge.

La responsabilisation

« Pourquoi et comment ai-je choisi mon travail ? Mon conjoint ? » Accepter pleinement la responsabilité de son destin, de son passé revient à décider d'agir sur son avenir. À ce stade, nous nous sommes approprié notre vie et nous avons décidé d'en être acteurs... même si tout semble encore flou.

Jean-Philippe me décrit d'une voix lente ce qui a déclenché son chemin intérieur : sa femme l'a quitté brutalement. Il raconte la douleur de ce revirement personnel, qui le conduit à vouloir changer complètement sa vie.

> « Je ne m'y attendais pas du tout », dit-il. Ce qui me met la puce à l'oreille : comment ne pas se douter d'un tel séisme à venir à moins d'être sourd, aveugle, insensible à ses sensations et enfermé dans un bunker émotionnel ? Jean-Philippe me décrit le long travail thérapeutique qu'il a réalisé ces cinq dernières années. « Je sors de l'ornière... et souhaite profiter différemment de mon dernier licenciement : ça y est, je suis décidé, je ne retournerai plus ni dans l'informatique ni dans une entreprise... Mais que faire ? Où aller ? »
>
> Jean-Philippe s'est décidé après le départ de son épouse, car il sombrait dans une dépression dont il ne pouvait pas sortir seul. « J'ai été obligé, en quelque sorte... finalement, ça a eu du bon, ce départ... Ça a été un tel choc... Je comprends

mieux ce qui s'est passé à présent... Ma vie, je ne la prenais pas en main, j'étais comme un automate, je faisais passer les autres avant moi, je n'avais pas de contact avec mes émotions, mes désirs... Maintenant, je relie tout ça, mon travail m'apparaît comme insupportable, et je comprends avec quelle tension je l'ai exercé toutes ces années... Depuis quelque temps, je ne rencontre que des gens bons pour moi, je découvre une nouvelle réalité : des gens connectés à ce qu'ils sont, à leur destin, leur bonheur... Je revis et, même, je crois que j'apprends ce qu'est la vie... »

Parallèlement à ce travail intérieur, il est nécessaire d'apprivoiser les futurs (et nouveaux) repères, puis d'échanger avec ceux qui ont vécu cette expérience de changement (comment ont-ils fait ?), de parler, de visionner des films sur le milieu que l'on vise, de se projeter dans cet environnement...

Cette exploration se réalise aisément lors d'un bilan de compétences, par exemple, qui peut faciliter la démarche d'investigation, si le coach est à même de saisir les subtilités de cette crise. C'est pour cela aussi qu'il ne faut pas perdre de vue ses petites habitudes quotidiennes, qui sont rassurantes et peuvent ancrer dans un univers familier où l'on se sent en sécurité. Lorsqu'on sera lancé dans sa fragile embarcation en pleine mer agitée, on saura sur quoi compter pour souffler et se ressourcer.

Quelle voie choisir, qu'est-ce qui nous plaît, comment rendre ce choix réaliste, réalisable ? Ici reviennent en boomerang les « petites voix » de notre éducation : « Tu n'as pas le droit », « C'est trop pour toi », « Pour qui tu te prends ? », etc. Faire fi de ces voix est le premier pas, car il signifie qu'on se débarrasse en partie du fardeau du passé pour oser enfin se concentrer sur « ses désirs à soi ».

La phase de responsabilisation consiste à assumer entièrement son parcours et la volonté de changer, en même temps que les conséquences que cela entraîne. Entre peur et sécurité, chacun fait du mieux qu'il peut.

L'affirmation de sa nouvelle identité

Davantage de transparence, d'authenticité et de souplesse quant à la conciliation des différentes visions du monde, voilà l'enjeu de cette phase.

Accepter les deuils nécessaires pour s'approprier son projet et « être soi ». Peu à peu, l'ancienne peau tombe. Mais qu'est-ce qu'« être soi » ? Il n'y a pas d'identité sans confiance. Le sentiment d'identité est la conscience d'exister, il oriente nos comportements comme nos relations. Or, dans le cadre professionnel, la confiance se construit avec le sentiment d'être compétent, d'avoir un rôle à jouer dans le monde actif.

En changeant de milieu professionnel, nous faisons un double mouvement : de différenciation – en nous éloignant de notre environnement d'origine – et d'assimilation – en nous dirigeant vers un autre groupe d'appartenance et en y intégrant une nouvelle façon de vivre. Ce processus permet d'assurer une continuité dans la conscience d'être ce qu'on est, et ce malgré la multiplicité des rôles et des situations que nous traversons[1] : il fonde notre légitimité, notre sentiment d'être là où nous devons être. Chacun peut raconter une histoire – la sienne – en mettant en lien tous ces éléments. C'est là que s'ancre le sentiment d'identité.

1. Edmond MARC, *Psychologie de l'identité*, *op. cit.*

Dire : se raconter pour ancrer la confiance en soi

« Si je ne peux rien dire, rien raconter, comment m'aimer ? Comment m'affranchir de ce qui m'oppresse ? Comment changer et devenir ce que je suis et non ce que d'autres ont voulu que je sois ? » Plus nous avons conscience d'être attachés à notre famille, en tant que membres de celle-ci, plus nous avons conscience des déterminismes qui ont préexisté à certaines de nos décisions (mais peut-on encore les nommer ainsi ?), et plus nous cheminons vers notre liberté.

L'identité est un cheminement et d'abord un choix.

Moins nous avons de connaissances sur notre passé, notre famille, les circonstances de notre naissance ou de notre conception, plus nous sommes condamnés à répéter les choix que d'autres ont faits et que nous recommençons sans en avoir clairement conscience. L'orientation professionnelle est une résultante, elle signe une certaine forme de soumission ou de rébellion ; dans ce sens, elle est un choix, que nous en ayons ou non conscience.

Le travail est une quête identitaire qui nous est personnelle, où il est question de trouver sa place dans un monde qui n'attend personne. Ainsi, une personne qui s'est « désincarnée » ou « désenchantée » au fur et à mesure de ses différents emplois pourra retrouver une identité personnelle lorsqu'elle aura pu se réapproprier ses savoir-faire, un sens et une continuité dans son histoire de vie et donner une explication à ce qui s'est passé pour elle : pas seulement une explication de « contenu », mais une explication de « processus », qui porte sur la manière dont elle a mené les choses et géré les événements. L'aide d'un tiers est utile pour saisir le sens d'épisodes marquants et les relier dans un tout cohérent et qui emporte tout le reste.

Raconter son histoire de vie aide à construire sa

conscience et sa confiance. Mihaly Csikszentmihalyi[1] dit de cette réorganisation qu'elle est nécessaire pour fabriquer nous-mêmes notre bonheur. Ce dernier vient des éléments intérieurs que nous avons su organiser, et non de choses extérieures qui sonnent comme des promesses impossibles. De manière frappante, c'est le récit qui réinvente l'histoire[2] : c'est notre ego qui la fabrique et la révise, et ce en permanence, en fonction de notre maturité psychique. Petit à petit, notre histoire se forge, se réoriente même, et la façon dont nous la concevons participe de la construction de notre confiance en nous-mêmes.

Lorsque je reçois des personnes dans mon cabinet, après les avoir laissé parler un bon moment, j'ai une idée sur la façon dont elles fabriquent les images de leur monde. Je les aide à avoir un regard différent sur leur trajectoire et, par ricochet, sur elles-mêmes. Le récit est clé dans la confiance en soi et le regard que l'on pose sur soi. « Le goût pour le récit de sa propre vie est [...] une tentative [...] d'instaurer et d'affirmer quelque chose de la singularité, de l'unité et du narcissisme qui font défaut. Il s'agit [...] de saisir sa propre vie pour y repérer les traces des choix et désirs personnels [...][3]. »

Écrire

Une histoire personnelle qui n'évoluerait pas signifierait une condamnation psychique, une stagnation mortelle pour l'évolution personnelle. Quelqu'un qui vit est une personne qui bouge, elle est confrontée à

1. Mihaly Csikszentmihalyi, *Vivre*, *op. cit.*
2. Ginette Francequin (dir.), *Pour une approche biographique en orientation*, Québec, Septembre Éditeur, 2004.
3. Vincent de Gaulejac et Michel Legrand (éd.), *Intervenir par le récit de vie*, Ramonville-Saint-Agne, Érès, 2008, p. 168.

des événements qu'elle doit gérer, affronter. Si elle n'a aucun stress, aucune surprise, aucun émoi, une régularité de vie à toute épreuve tout au long de son existence, elle est condamnée à une mort émotionnelle (mais celle-ci préexiste évidemment à l'ennui !) certaine, et donc à une dévitalisation de tout son être.

Notre vie évoluant donc et étant ponctuée d'événements divers, la façon dont on les raconte a une influence sur elle : en réorganisant notre récit de vie, nous pouvons renforcer notre sentiment d'impact sur notre destinée et nous la réapproprier. C'est essentiel pour la reconstruction d'une personne après un séisme professionnel comme personnel[1].

Cette réorganisation de notre récit de vie se construit notamment grâce à deux phénomènes concomitants : l'*égocentration* – le soi est perçu davantage au centre des événements qu'il ne l'est en réalité – et la *bénefficience* (terme composé à partir des mots « bénéfique » et « efficience ») – ici, le soi est perçu comme responsable des issues heureuses et non des autres[2].

Ces deux processus psychiques contribuent à l'estime de soi : au fur et à mesure du développement et de la maturité, nous réécrivons notre histoire personnelle et certains de ses événements. Et, du même coup, nous redessinons les contours de notre identité.

Nous allons voir l'évolution d'Elsa grâce à la façon qu'elle a eue de travailler son histoire professionnelle, son sens, son dénouement.

Elsa vivait sous l'emprise de son président, un être froid et autoritaire. Celui-ci « tenait » tout le monde par des secrets qu'il avait

1. C'est d'ailleurs sur ces idées que se base la « thérapie narrative ».

2. Ginette Francequin (dir.), *Pour une approche biographique en orientation*, *op. cit.* Ces auteurs évoquent également le « conservatisme » comme troisième élément.

fait dire par chacun des membres de son équipe, si bien que personne n'osait le contredire par peur de se voir « descendre » en flèche devant tout le monde, au travail ou en famille. Elle a ainsi accepté de voir l'un des associés se faire humilier puis licencier sans sourciller. Elle était en fait terrorisée. Au procès que n'a pas manqué de faire ledit associé, elle a menti, comme les autres, pour « sauver sa peau », c'est-à-dire conserver son emploi.

Des années plus tard, ayant réussi à démissionner, elle regrette et se sent salie par le peu de courage dont elle a fait preuve à l'époque. Ayant réussi, avec l'aide d'un thérapeute, à mettre des mots justes sur sa souffrance, elle a pu retrouver l'associé et lui écrire ; de plus, même si celui-ci ne lui a jamais répondu, elle a réorganisé toute cette période dans sa tête et aussi écrit des épisodes entiers qui, mis bout à bout, forgent aujourd'hui *son* histoire. Prenant du recul, elle comprend bien l'emprise qu'exerçait sur elle cet homme, et combien elle n'avait pas les défenses nécessaires pour pouvoir lutter ; en se pardonnant, elle peut reconstruire une nouvelle vie professionnelle en étant plus forte. Aujourd'hui, Elsa fait même du bénévolat pour aider les victimes de harcèlement moral : c'est sa façon de réparer, et de « réécrire l'histoire ». « Je dis souvent aux personnes que j'aide que sans cela, je n'aurais jamais pu aller au bout de ma souffrance et comprendre ce qu'ils endurent aujourd'hui. En ce sens, ce que j'ai vécu leur est utile, alors, je ne regrette rien ! »

C'est une extraordinaire réparation que de saluer une souffrance passée pour aller aider les autres à se relever. Grâce à la réorganisation de son histoire, Elsa rend la chose possible.

Développer la confiance en soi en pratiquant la bénefficience, se raconter selon ce principe (être à l'origine d'événements heureux) aide à reconquérir la reconnaissance de soi par soi. Une étape indispensable pour s'affirmer et sentir que l'on vit une existence digne d'être vécue.

12.

L'orientation des adolescents

> « Ce n'est pas en tuant ses parents que l'on devient adulte, mais en tuant l'enfant de ses parents, une cible beaucoup plus difficile. »
>
> Benoîte Groult

Loin d'être spontanée pour tous, la démarche d'orientation requiert du temps. Elle est vécue souvent – surtout par ceux qui ne savent vraiment pas quoi faire – comme très anxiogène, eu égard aux différentes pressions dont elle fait l'objet (école, parents...).

L'orientation pour un jeune est une chose difficile, déjà parce que cette démarche nécessite de bien se connaître, or, combien d'adolescents sont dans ce cas ? Il faut bien des années pour cela ! L'adolescent était hier un enfant, il se découvre aujourd'hui avec des désirs nouveaux et doit en plus se projeter dans un monde dont il ne connaît rien : la tâche est fort ardue, et nous, adultes, l'avons déjà oublié. L'orientation nécessite une maturité, un recul dont peu de jeunes sont capables s'ils ne sont pas correctement accompagnés, à moins de ressentir une « vocation » – notons que nous avons maintenant un autre regard sur ce mot. Il n'empêche : ceux qui la ressentent très jeunes sont chanceux, finalement. Les autres, eux, galèrent, et ce d'autant qu'ils ressentent très bien la compétition et la peur de l'échec à tous niveaux (échouer, se tromper, s'ennuyer...). Souvent, les jeunes se sentent démunis devant l'immensité des choix possibles. En outre, le chômage peut accentuer cette crainte, surtout si les parents l'alimentent en mettant sous pression ou en étant eux-mêmes victimes de la crise.

Lorsque ces derniers ont peur de « lâcher » ce qu'ils croient être bon pour leur adolescent (et qui est souvent une réédition de leur propre expérience), ils peuvent le contraindre, parfois sans le vouloir vraiment, par des non-dits que celui-ci capte très bien depuis son plus jeune âge, à aller dans telle ou telle direction. C'est pour cela qu'un accompagnement personnalisé dans le temps est très utile pour libérer la parole, favoriser le recul et la confiance en ses capacités et permettre de choisir de façon relativement autonome. Une approche méthodique et empreinte d'écoute permet d'entrevoir les directions possibles. Elle ouvre en outre à une reconquête de l'estime de soi et à une plus grande confiance en ses capacités, ce qui est essentiel lorsqu'on cherche sa voie.

Orientation et angoisses parentales

Les contradictions auxquelles doit faire face l'adolescent sont de plusieurs ordres : affronter son orientation implique, nous l'avons déjà dit, de bien se connaître, de concilier constructions de la vie amoureuse et du futur professionnel (quoi privilégier ? Plaisir immédiat, bien-être et découverte ou effort et labeur ?), de répondre positivement à l'injonction parentale de trouver sa place en choisissant une voie (mais selon quels critères ?), de se soumettre au projet parental en étant loyal tout en revendiquant son besoin d'autonomie et de maîtrise de ses choix : le poids est lourd et les paradoxes nombreux...

L'orientation des adolescents est un processus de décision qui met en jeu plusieurs mécanismes. L'estime de soi, l'environnement familial, le vécu de la scolarité déterminent inconsciemment les logiques de choix du jeune. L'école est là pour conseiller et « vendre » ses filières. La pression est grande, car il n'y a en général pas beaucoup de temps pour se décider. Surtout, l'adolescent a le sentiment qu'il n'a pas le droit de se tromper... ou d'avoir ses rêves.

Le droit à l'erreur

Rien n'est jamais définitivement joué en orientation, tout peut être reconsidéré lors d'une prise de conscience, d'un saut de maturité. En effet, c'est un parcours composé d'essais et d'erreurs, les sillons creusés sont multiples : cela va du parcours « sans faute », linéaire, au parcours chaotique, ce que l'on retrouve dans toute vie. Les choix ne sont pas définitifs et une « erreur » peut être autre chose qu'un « échec » : elle représente une expérience, qui fait forcément apprendre. Ainsi, redonner confiance aux jeunes et aux parents est important. Savoir tirer des enseignements des épreuves que l'on traverse, c'est ce que l'on se dit tout au long de sa vie si l'on veut avancer, et cela commence lorsqu'on choisit son orientation.

Par exemple, Clara ne sait pas ce qu'elle veut faire plus tard et cela angoisse sa mère, d'autant qu'elle-même ne savait pas non plus au même âge. Alors, comme cette femme a fait du secrétariat, qu'elle a en horreur, et est passée à côté d'une carrière médicale, tous les jours elle harcèle sa fille sur ses ambitions, le travail, ses désirs, ce qui lui plaît... Clara n'en peut plus ! Et un jour lâche : « Ce n'est pas parce que tu fais un travail pourri que tu dois te conduire comme ça ! T'avais qu'à pas écouter tes parents comme une béni-oui-oui ! Moi, j'attendrai de savoir quoi faire pour commencer ! »

La mère de Clara, en demandant sans arrêt à sa fille de choisir, lui donne en réalité l'injonction de faire « bien du premier coup » et « mieux qu'elle ». Que de responsabilités sur les fragiles épaules d'une ado ! Alors celle-ci provoque sa mère : pourquoi ne s'est-elle pas interrogée, à l'époque ? Pourquoi ne s'est-elle pas révoltée ? Après tout, c'est *son* problème à présent, pas le sien ! Clara refuse en bloc, mettant du même coup sa mère devant ses responsabilités. En même temps, Clara ne fait rien pour choisir... et renvoie à sa mère ses propres atermoiements : « Je change ? Je ne change pas ? Je reste ? Je ne reste pas ? » Une guidance psychologique l'aidera à grandir et à choisir en toute autonomie.

Identifier ses centres d'intérêt est un premier pas. Mais, parfois, il faut un détour pour que le jeune puisse revenir vers des buts qui lui tiennent à cœur. Entretemps, il a parfois des choses à se prouver, à réparer, à oser. Les expériences, quelles qu'elles soient, font toutes apprendre et évoluer, même si elles font parfois peur aux parents.

Cyril, 19 ans, vient me voir en pleine année scolaire : il n'en peut plus. Employé dans un hypermarché, il mène de front ce travail avec un bac pro en alternance. Mais, passionné de relations humaines, il ne se reconnaît pas dans cette branche. « On m'a dit : "Vous aimez les gens, alors bac pro vente !"[1] C'était comme ça. J'ai suivi. » Mais la vente en hypermarché ne correspond pas

1. Ce mensonge des adultes, ce raccourci est un abus de pouvoir : oui, la vente est l'occasion d'affiner son goût pour les relations humaines, mais pas dans un supermarché ou après un CAP de vente ! Pas avec le marché de l'emploi actuel et les conditions de travail demandées (pression sur les résultats, tableaux de bord visant à surveiller l'activité jour après jour, réduction drastique de personnel...).

vraiment à ses rêves. Il décide de se tourner finalement vers le métier d'éducateur.

Quelque temps plus tard, sa mère, Alina, me donne de ses nouvelles : Cyril s'est lancé dans la musique à plein temps. Une opportunité, et le voilà avec son groupe travaillant d'arrache-pied pour sortir un CD. Quelques contrats de tournée ont suffi à le décider avec ses amis. « Il ne lâche pas son idée de travailler dans le social, mais veut tenter sa chance. Je la lui donne, il est à fond dans ce projet, et ne perd pas son réalisme. » Cyril m'avait parlé de son groupe de musique, où il était chanteur. « Sortir sa voix » et écrire des chansons sont des moyens utiles pour s'exprimer. Je savais, de par son histoire, que cela était utile à Cyril et allait servir à muscler sa confiance en lui. Dans tous les cas, il en ferait quelque chose. Selon Alina, Cyril se sent mieux, parle plus, reçoit des amis, chose qu'il ne faisait plus depuis des années. Après un divorce difficile, Alina a rencontré un homme et décidé d'emménager avec lui et ses enfants dans une grande maison ; Cyril reprend vie avec cette nouvelle demeure et sa musique.

L'orientation passe parfois par là : se retrouver soi-même, après cette période tumultueuse de l'adolescence où la vie n'est pas toujours facile, ni pour soi ni autour de soi. Être à l'écoute de son enfant, lui permettre de « souffler », peut être un pas nécessaire et décisif.

Il n'y a pas de recette : ce qui est valable pour l'un ne l'est pas toujours pour l'autre ! La communication non violente[1], authentique, est la clé des relations humaines. Ne pas vouloir pour l'autre sans pour autant faire fondre les limites : le métier de parents est un métier d'équilibriste et fait en outre partie des « missions impossibles[2] ».

1. Marshall Rosenberg, *Les mots sont des fenêtres*, Paris, La Découverte, 1999.

2. Selon Freud, trois métiers sont « impossibles » : éduquer, gouverner, psychanalyser.

Parfois, c'est le jeune qui choisit une direction si proche de celle de ses parents, ou que ses parents auraient aimé choisir, qu'il tergiverse, n'ose pas y aller !

Lerry adore le cheval, son grand-père en possédait, mais lui-même n'a jamais pu en monter. Il s'est toujours contenté, avec son père, d'aller à Longchamp voir les courses. Son fils aîné est champion de poney et commence le cheval ; sa fille, plus jeune, suit le même chemin. « J'ai peur, me dit-il, qu'ils ne soient pas libres, qu'ils fassent cela pour me faire plaisir, car j'aurais bien aimé faire ce métier de jockey. » Mais... ses deux enfants sont passionnés. Que peut-il y faire ? Rien. Il ne peut que verbaliser (ce qu'il a fait) ses doutes, leur montrer d'autres voies possibles... Après, libre à eux de vouloir réparer ce que n'a pu faire leur père : c'est leur droit, et ils peuvent s'épanouir ainsi.

Rappelons-nous que la loyauté est une loi importante de la vie transgénérationnelle, en tant qu'elle permet de se sentir quitte... et donc de quitter, symboliquement, ses parents, pour mieux vivre sa vie. C'est ce que Boszormenyi-Nagy nomme la « légitimité constructive ».

Parfois, il faut donc revenir à la source, pour ensuite s'envoler et construire ailleurs. Ce que les Chinois nomment « avoir des racines et des ailes ».

L'adolescent, miroir ignoré

Qu'en est-il de la confiance qu'ont les parents en eux-mêmes et en leur ado ? Ils ont comme tâche parentale le développement de l'estime de soi de leurs enfants pour les aider à construire leur identité à travers la filiation[1]. Toute problématique d'un jeune est

1. Dans son livre *La Fonction parentale* (Paris, Dunod, 2004), Gérard Poussin précise, en parlant d'une personne aux origines

un reflet de la relation avec ses parents et sa famille en général. La difficulté d'orientation d'un adolescent réactive, parfois de manière brutale, les propres questionnements professionnels des parents et la façon dont ils l'ont abordée à l'époque de leur adolescence : nous l'avons bien vu dans l'exemple de Clara et sa mère. À ce moment, les retours du jeune sur l'image qu'il a de ses parents sont utiles à prendre en compte. Sinon, l'ado reste un « miroir ignoré ».

Prendre en compte les retours ne signifie pas être d'accord, mais simplement accuser réception pour démarrer la discussion. La vérité n'existe pas dans l'absolu, elle n'est que le fruit de notre représentation du monde. Pour notre malheur, nous voulons que celui-ci « colle » à cette réalité construite, ce qui nous empêche de bien le voir ! Nous sommes constamment dans une illusion que nous prenons pour vraie. Notre éducation se déroule dans un microcosme que nous confondons avec le vaste monde. C'est bien ce qui nous conduit à reproduire ce que nous avons vécu. Certains parents coupent les ponts avec leur enfant sous prétexte qu'il « ne veut rien entendre », sans s'apercevoir qu'ils sont tout à leur incompréhension et leur déception, voire leur rancœur ou leur amertume de ne pas avoir su transmettre leur vision en héritage.

---

floues ou inconnues : « Une autre manière de renoncer à la recherche des origines consiste à s'affirmer face à l'adversité, à se faire "reconnaître" par d'autres moyens, à "se faire un nom", comme on dit des personnes qui tentent d'accéder à la célébrité. De nombreux exemples dans l'histoire montrent des enfants illégitimes s'érigeant en conquérants, en créateurs d'une école artistique, d'une nouvelle dynastie, voire d'un peuple entier. Ainsi, Léonard de Vinci était enfant naturel et, pour Freud, cette situation de famille particulière ne serait pas sans incidence sur le destin de ce génie de la Renaissance » (p. 167). Nous retrouvons le Chevalier, conquérant de nouveaux espaces, défricheur de terres inconnues !

> « Comment ! Musicien ! Mais ça va pas non ? Personne ne vit de musique, ou alors il faut être “fils de”, ou être superdoué, mais bon, quand même, il ne faut pas rêver ! », dit un père qui n’a pas la musique dans son cadre de référence comme orientation possible pour ses enfants.
> Que fait ce père ? Pour lui, dans sa vision du monde, « on » ne vit pas de sa musique. « On », c’est : son fils, lui-même peut-être, son neveu, voire son frère qui s’est bien essayé à la guitare folk mais qui a dû « se ranger » quand il a compris que « ça ne marchait pas ».

Cet homme fonde son raisonnement sur ce qu’il a vu dans son entourage ; pour lui, tout contre-exemple est l’occasion de voir le côté négatif pour que, au final, ce soit sa propre vision qui prévale. En ce sens, il passe à côté de la réalité : il ne se réfère qu’à une partie de celle-ci. Le but est d’obtenir l’assurance que son fils soit « dans les rails » et ne le dérange pas dans ses certitudes, car alors il pourrait… changer d’avis ! Et, s’il changeait d’avis, il risquerait de reconnaître qu’il avait tort… voire de s’avouer à lui-même qu’il a eu moins de cran que son fils, puisque, n’ayant pas su convaincre son propre père, il est passé à côté d’une carrière qui l’intéressait, par crainte d’être ignoré ou rejeté.

Mais il est vrai que le fils peut ne pas « réussir », selon les critères familiaux en général et paternels en particulier, bien sûr. Le père ne veut pas prendre un tel risque : il se sentirait alors incapable d’être un « bon » père. Sous peine d’éprouver ces sentiments de honte et de culpabilité, il dit non à tout ce que lui propose son fils et qui diffère de ses critères.

L’orientation professionnelle des enfants est ainsi compliquée du fait qu’elle nous emmène à notre insu dans les méandres d’une histoire familiale où règnent en maîtres les non-dits, frustrations, omissions, rébellions, fidélités et misères vocationnelles, parfois valorisés mais souvent étouffés dans l’œuf sous prétexte d'une « raison » qui met sous cloche, pendant des années, les désirs d'enfant, les aspirations adolescentes, les ambitions adultes.

L'adolescent : le miroir honoré

En revanche, dans d'autres environnements, le cadre de référence est tout à fait opposé et faire de la musique, pour reprendre cet exemple, est au contraire complètement accepté.

« Après ce premier prix de musique, tu vas pouvoir te présenter à des concours et réaliser tes rêves de soliste ! Tu peux vraiment y arriver », dit ce père violoniste à sa fille premier prix de piano au conservatoire.

La « réalité » est donc une construction familiale et personnelle. Ainsi, l'omission inconsciente d'une information permet de couper court à tout désir, à toute motivation exprimés. Faire coïncider la réalité externe avec notre monde interne en en distordant certains aspects est un procédé fréquemment utilisé par nombre d'entre nous pour maintenir les autres sous contrôle et dans notre propre vision du monde. Les options pour s'en sortir sont limitées (« D'accord pour la musique, mais le samedi soir au bal du coin ») et la relation est maintenue à un niveau qui ne tolère aucun écart (« Tu veux faire de la musique ton métier, c'est que tu es inconscient »).

Une orientation qui semble raisonnable à un environnement sera, pour un autre, complètement irréaliste et irréalisable. L'esprit opère une limitation : l'expérience personnelle ou de telle ou telle figure de référence est mise en avant, sans avoir toujours de rapport avec la réalité de celui à qui cet exemple raisonnable est adressé.

Quoi qu'il en soit, la répétition, si elle se voit dans le métier exercé, se remarque surtout dans les comportements et les croyances reproduits de l'enfance. « S'effacer au profit de... » ou « ne pas faire de vagues », par exemple, sont des comportements déjà imprimés dans l'enfance, fruits de fugaces éclairs de conscience de l'enfant sur son environnement, qui lui permettent de trouver une façon d'être avec soi et l'autre acceptable et émotionnellement viable.

Si on ne répète pas le métier en tant que tel, du moins répète-t-on les logiques qui l'ont fait choisir : passivité, ténacité, rébellion, fidélité, tout est déjà en nous. Penser que l'on vaut moins que son grand frère, sa grande sœur, qu'on ne mérite pas ceci ou cela, c'est déjà décider de ne pas y avoir accès.

Voilà pourquoi un dialogue ouvert facilite l'accès à la compréhension de son histoire, de celle de sa famille, permettant une plus grande ouverture sur les choix possibles et avec elle, l'accès à l'autonomie.

Projet parental et autonomie : le paradoxe de l'orientation

Il n'est pas facile pour des parents d'aider leurs enfants à choisir une orientation. Peut-être en avez-vous fait la cruelle expérience ! Les parents veulent que leurs enfants soient autonomes, qu'ils fassent leur choix « librement »... du moment qu'ils choisissent quelque chose qui ne les écarte pas trop des valeurs transmises par leurs géniteurs ou éducateurs. « Sois libre, surtout ! » dit-on toujours... comme si c'était vrai ! En effet, les parents veulent le mieux pour leurs enfants, tout en croyant savoir ce qu'il y a de mieux pour eux.

Le projet parental n'est pas toujours dit d'une seule voix. Il est parfois le siège de contradictions quand, par exemple, les origines sociales, culturelles, religieuses des parents diffèrent. Ces contradictions peuvent concerner chacun des parents ou se situer dans leur discours mis en commun.

Ainsi, une fille peut très bien entendre de la part de sa mère ou de ses deux parents : « Tu seras une femme indépendante et qui travaillera » et dans le même temps : « Les femmes qui travaillent restent seules, ne trouvent pas de mari et n'ont pas d'enfants. » C'est l'un *ou* l'autre. L'histoire familiale expliquant et contenant ces injonctions, comment trouver moyen de se rebeller ? La jeune fille ne peut d'ailleurs même pas en parler ni donner son avis puisqu'il y aura toujours des contre-exemples, des « modèles »... Que fera-t-elle ? Une famille monoparentale, par exemple... Par cette « astuce », elle pourra répondre positivement à toutes les composantes de l'équation à la fois : une mère vivant seule avec un enfant est obligée de travailler, donc n'en parlons plus.

Un autre type de contradiction concerne le rapport que l'adolescent entretient avec le projet parental. En effet, parfois, choisir un projet, c'est choisir l'un des parents, et éliminer l'autre.

> « Mon père voulait que je réussisse socialement par moi-même, sans l'aide de quiconque, dit Isabelle, informaticienne. Ma mère voulait que je m'occupe de mes enfants. J'ai choisi la première voie, même si je suis mariée aujourd'hui. Mais je ne suis pas heureuse : quelque chose me manque. Ma sœur, elle, a fait l'inverse. Au final, elle ne se sent pas mieux que moi. »

Bien sûr on peut ne pas choisir. Choisir un projet qui ne soit *ni* celui de l'un, *ni* celui de l'autre, *ni* le sien propre. Mais c'est s'empêcher de réaliser quoi que ce soit. De telles impasses requièrent parfois une thérapie familiale. À l'âge adulte, il n'est pas rare de retrouver ces personnes dans des « errances professionnelles », changeant de métier ou d'entreprise sans arriver à se fixer ni à se satisfaire. Le génogramme professionnel permet de prendre du recul et de revisiter la vie familiale de l'époque ; souvent, des réponses arrivent, comme par évidence.

L'importance du dialogue et de la confiance

Dans l'exemple suivant, nous allons voir comment une orientation a pu être finalement maintenue malgré la réticence des parents, le dialogue ayant eu lieu dans de bonnes conditions.

> Thierry est un jeune homme sympathique qui s'ennuie dans sa prépa HEC. D'ailleurs, il vient de s'en faire renvoyer. Sa mère, inquiète, me téléphone, et Thierry arrive, décontracté, dans mon cabinet.
>
> Je lui présente d'abord ma façon de travailler et surtout lui parle de la règle de confidentialité : sauf s'il y a danger pour lui ou les autres, je ne partage pas avec ses parents ni quiconque le contenu de nos séances.
>
> Thierry me raconte sa scolarité, son ennui et son envie d'arrêter juste après le bac (« car mes parents tenaient à ce que je le passe »), qui se sont envolés le jour où il a commencé à s'amuser en faisant des trafics de jeans et de tee-shirts. « Mais c'est fini tout ça », m'assure-t-il. Il me raconte comment les policiers sont venus chez lui, et comment il a su (alors que sa mère était dans la maison !) les « embobiner » ; il s'en est finalement sorti sans aucun blâme ni même soupçon. C'est là qu'il a arrêté. « Ça devenait craignos », m'avoue-t-il. Mais il avait découvert le goût de la vente, et de l'argent. « J'ai su à ce moment-là que je voulais vendre, que c'était mon truc. Ça m'amuse ! Je gagne de l'argent comme ça, c'est facile ! Et j'avais tout un tas de potes qui bossaient pour moi. » Thierry a l'étoffe d'un futur chef d'entreprise, il a le goût du risque, de l'argent et il est très malin. D'ailleurs, c'est déjà un leader dans la cour du lycée !

Lorsque je partage cette réflexion le concernant à voix haute, il me regarde avec étonnement : « Ah ? Mon père est un scientifique, il voulait que je sois comme lui, il veut que je fasse une grande école, tout ça... mais qu'est-ce que je m'ennuie dans cette prépa ! Que des fils à papa ! Je préfère être sur le terrain, vendre ! J'ai trouvé une entreprise qui veut m'embaucher. Je ne l'ai pas dit à ma mère... Vous croyez que vous pouvez le lui dire ? Je veux étudier en alternance, moi, il me faut du terrain. Mais mes deux parents ont des doctorats, ils ne vont pas aimer du tout mes choix ! Vous m'aidez alors ? »

La mère de Thierry savait, au fond, ce que voulait son fils, et « qui » il était. « Ça va être plus dur pour mon mari, mais je vais lui parler. » Même si Thierry aime ses parents et veut leur faire plaisir, il veut également se réaliser. La liberté de parole est suffisamment bonne avec sa mère, elle-même est en bons termes avec son mari et, ainsi, les décisions peuvent se prendre d'une façon claire et transparente. Malgré tout, je sens que Thierry a besoin de prouver à son père qu'il peut réussir « à sa façon ». Le dialogue entre eux n'est pas très bon.

Je parle à la mère de Thierry des qualités de son fils sans parler de l'épisode de la police ; Thierry s'est déjà fait remarquer pour ses qualités commerciales, à la brocante de sa petite ville, auprès de ses copains à qui il revendait ses affaires usagées... Autant de compétences qu'il peut mettre au service d'un travail et d'une formation en alternance. La détermination de Thierry, sa gentillesse, son look, son ouverture, ses qualités relationnelles sont autant d'atouts qui favoriseront sa réussite.

Si les parents de Thierry ont pu entendre les choix de leur fils (qui fait figure de Chevalier dans cette famille de docteurs ès sciences), c'est parce que la communication circule bien dans le couple des parents, et que les « comptes générationnels » sont suffisamment équilibrés pour faciliter ses études. Après tout, en alternance, Thierry aura bien le temps de réfléchir encore et de continuer s'il le souhaite. Mais cette envie de « terrain », il devra vite la réaliser, afin qu'il ne perde pas patience.

En revanche, voici quelques exemples d'une communication qui laisse peu de place au jeune pour choisir. Peut-être que les parents ont raison, au fond, dans leurs propos. Mais est-ce le fait qu'ils aient raison qui importe ou leur façon d'avoir raison ? Autrement dit, dans cette famille, dialogue-t-on ou dévalorise-t-on l'autre ?

« Aurélie veut être coiffeuse, mais je la connais : elle ne supportera pas l'arrogance de certaines clientes, et les enverra promener ! Je pense qu'il lui faut un métier moins exposé à la clientèle. »

« Hugues veut faire des études d'ingénieur, mais il est si paresseux que je lui ai conseillé de faire d'abord un BTS d'informatique ! On verra pour la suite... »

« Juliette aime bien le théâtre, mais vit-on de son théâtre ? Elle est déjà tellement fantasque... Je lui ai conseillé de faire des études de commerce : c'est un peu comme du théâtre, les relations commerciales, non ? Et, au moins, c'est un *vrai* travail, il y a plus de débouchés ! »

Dans ces exemples, le désir des jeunes n'est pas pris en compte. La liste de « bons » arguments est longue, brandie par des parents impliqués, soucieux de leurs enfants et de leur bonheur... Mais alors, pourquoi sont-ils si sûrs qu'ils ne pourront réussir là où ils ont décidé d'aller ?

Les parents sont encore souvent prisonniers de leurs propres chaînes lorsque leurs enfants arrivent en âge de s'orienter. Où en sont-ils eux-mêmes dans leur travail ? S'y sentent-ils épanouis ? Sont-ils bien dans leur couple ? Sont-ils satisfaits de leur vie ? A-t-elle un rapport avec celle dont ils rêvaient, lorsqu'ils avaient leur âge ? Au fond, sont-ils heureux ? Et comment se comportent-ils depuis des années avec leurs enfants ?

Parfois, les parents se voient comme de bons

modèles pour leurs enfants, car ils se croient heureux au travail et souhaitent tout naturellement que leurs enfants le soient aussi !

Mais, actuellement, les cadres des entreprises sont surstimulés et soumis à des rythmes effrénés. Certains ont l'impression de trouver là un sens à leur existence et de vivre une « expérience optimale[1] ». Ils travaillent avec tant de fougue et de passion qu'ils ne trouvent parfois plus le temps de s'alimenter correctement, ni même d'avoir des relations sociales et familiales harmonieuses. Cette forme de « réalisation » est illusoire, le projet qu'elle sous-tend appartient non pas à ceux qui s'y épuisent mais à leur entreprise ; ils la reprennent à leur compte, croyant que la récompense est au bout du chemin[2]. Un projet « inauthentique » qui débouchera tôt ou tard sur un désenchantement et sur une quête nouvelle... ou un suicide.

Lorsque l'on vit comme cela, comment conseiller efficacement ses enfants sans les mettre dans la confusion ? « Papa (maman) voudrait que je travaille en entreprise, comme lui (elle) mais il (elle) n'a le temps de rien faire d'autre que travailler ! Devrais-je avoir envie de me réaliser ainsi ? » C'est cela, un paradoxe : au final, une impossibilité de choisir sans être prisonnier de ses propres interrogations.

Un nécessaire accompagnement

L'Éducation nationale demande aux jeunes d'être acteurs d'une démarche alors que c'est loin d'être naturel pour la plupart d'entre eux. Demander à des

1. Décrite par Mihaly Csikszentmihalyi, *Vivre*, *op. cit.*.
2. Cf. Vincent de Gaulejac, *Le Coût de l'excellence*, *op. cit.*

adolescents en plein questionnement identitaire d'élaborer des choix raisonnés et autonomes est assez contradictoire, voire paradoxal, nous l'avons vu ; dans tous les cas, cela nécessite un accompagnement.

Connaître sa propre histoire

Avoir conscience de soi nécessite de la transparence dans les relations, de l'honnêteté, un discours vrai. Savoir quelle a été son histoire, pouvoir la raconter, la transmettre afin que ses enfants puissent, eux aussi, savoir d'où ils viennent est une étape indispensable pour donner un ancrage positif, se débarrasser de la honte familiale (s'il y en a une) et aider les jeunes à avancer dans la vie avec le maximum de confiance possible.

Nous avons évoqué les difficultés scolaires pouvant être engendrées par des secrets de famille ou une interdiction implicite d'accéder à la connaissance de ses origines. Le seul fait de ne pas pouvoir se situer dans sa lignée suffit à déstabiliser l'enfant sur le plan cognitif.

Anne-Marie Garnier et Francesca Mosca[1] rapportent l'histoire de Joachim, un garçon de 7 ans d'origine portugaise, en proie à d'importantes difficultés scolaires : il menace de tripler son CP. Il vient en consultation avec ses parents qui raconteront, à l'aide de leur génogramme, l'histoire de leur arrivée en France, leurs propres difficultés scolaires, leurs espoirs déçus, le contact avec le travail et la France. Le petit garçon pourra voir les informations rassemblées en un récit cohérent, raconté par ses deux parents ensemble (alors qu'à la maison, ils se disputent sans arrêt), regarder un arbre généalogique où tous les

1. Anne-Marie Garnier et Francesca Mosca, *Génogrammes. Mille et un contes de famille*, Ramonville-Saint-Agne, Érès, 2007.

membres de sa famille (même ceux qu'il ne voit pas au quotidien) seront en lien, et surtout il pourra donner du sens à sa propre histoire. Du coup, il sera capable à l'école de mettre en lien les informations pour apprendre à lire le français, l'écrire, et avoir envie d'apprendre dans ce pays. En quelques mois, tous ses problèmes scolaires seront balayés.

Il existe un lien entre l'échec scolaire de certains enfants et leur ignorance concernant les règles de filiation au sein de leur famille. L'illogisme de l'histoire familiale se reporte sur leur vision du monde : ils ne peuvent plus apprendre, tout étant trop confus.

Des recherches[1] ont montré que lorsqu'on élève le niveau d'authenticité, de respect et d'empathie chez des enseignants, les résultats dépassent largement les espoirs les plus fous : non seulement les élèves apprennent mieux, mais ils se bagarrent moins, et les enseignants sont plus heureux dans l'exercice de leur métier. Et ils ont plus d'humour (le vrai : on ne parle ni de l'ironie, ni de la moquerie, ni du cynisme qui mènent à la dévalorisation), celui-ci étant le meilleur ciment des relations familiales.

Être authentique, dire la vérité à quelqu'un, a fortiori jeune, prouve qu'on le considère suffisamment pour pouvoir lui faire confiance. Beaucoup de jeunes n'apprennent que bien tardivement d'où ils viennent ; des secrets se révèlent parfois à l'occasion de crises familiales (un décès, un divorce). Mine de rien, cela peut jouer beaucoup sur l'orientation qui, nous l'avons vu, peut servir à sublimer des désirs enfouis au fond de soi (désirs de réparation, de réconciliation, d'expression...). Tout comme certains non-dits peuvent empêcher d'agir et de se réaliser dans un projet professionnel. Certes s'efforcer à la vérité sur soi, à la transparence relationnelle, au partage émotionnel

1. Jacques Lecomte, *Guérir de son enfance*, *op. cit.*

est une des choses les plus difficiles qui soient. Être vrai suppose d'avoir accepté son parcours, ses manques, oser les avouer à ceux qui nous sont chers, oser « être vu ». Pas évident lorsqu'on est parent et que l'on a souffert dans son enfance ou son adolescence de dire à ses enfants ce que l'on a vécu. Souvent, on a peur de « baisser » dans leur estime et de déstabiliser l'équilibre que l'on a construit des années durant.

Dire la vérité suppose partager ce que « je crois vrai » et non asséner des vérités que « je dis vraies ». C'est être tout à la fois présent à soi-même et présent à l'autre. C'est parler de ce que l'on ressent, annoncer : « Cette situation m'inquiète » ou : « Je ne sais pas quoi faire », plutôt que dire : « Tu m'inquiètes » ou : « Tu ne sais toujours pas quoi faire avec tout ce que j'ai fait pourtant pour toi ! »

« Échanger sur la Vérité[1] », c'est faire parler l'autre sur lui, demander ce qu'il y a de vrai en lui, l'inciter à verbaliser, à se dire, et ce sans le juger. Ce n'est possible que si, en tant que parent, en tant que personne, on a déjà été « au bout de soi ».

À faire l'économie de ce discours vrai, on risque de ne donner que des conseils, source souvent de répétition transgénérationnelle et de conformité, non d'originalité et de créativité.

Le jeune est une personne

Il est important que les parents arrivent à voir les qualités de leur enfant, sans chercher à le ramener à eux et à leur propre expérience. C'est la condition pour qu'il développe son estime de lui-même et se sente important, compétent et aimé. Pour cela, mieux vaut ne pas trop le « coller » ni le surprotéger. L'anxiété est

1. Will SCHUTZ, *L'Élément humain*, *op. cit.*

un « collage relationnel » qui empêche de voir les situations avec le recul nécessaire. Tout aussi anormale que l'attitude abandonnique dont elle est l'opposée, elle ne permet pas au jeune de penser par lui-même ou d'être autonome. Nous allons en voir un exemple avec Huguette.

À l'entendre, son fils a beaucoup de problèmes, il rate tout malgré ses capacités, il ne sait pas quoi faire...
« A-t-il eu son bac ?, demandé-je.
- Oui, il a eu son bac, mais à l'oral, alors qu'il aurait pu, en travaillant un peu, l'avoir du premier coup, et même avec une mention...
- Ah, bien... Il l'a quand même eu... Et que fait-il aujourd'hui ?
- (Soupir.) Il fait un BTS d'informatique de gestion.
- Et ça ne marche pas ?
- Il ne travaille toujours pas ! Il va passer son BTS dans deux mois, et je pense qu'il ne fait rien !
- A-t-il de bonnes notes ?
- Pas trop mal, mais il pourrait faire mieux ! »
Je me mets un instant à la place de ce fils... qui doit vivre et composer avec une mère si anxieuse !
« Madame, votre fils réussit tout ce qu'il entreprend, en faisant un minimum d'efforts, ce qui prouve son habileté et son intelligence : n'ayez crainte pour son avenir, il réussira, j'en suis sûre. S'il a besoin, il peut me téléphoner. Faites-lui confiance. En attendant, que faites-vous pour vous ? »

« Recadrer » une situation permet de la voir à partir d'une autre perspective. Ce que certains voient comme un défaut peut être une qualité pour d'autres ! Les groupes de parole de parents ouvrent à cet échange de points de vue et donnent de la liberté pour penser et vivre autrement l'éducation.

Caroline est une jeune fille de 15 ans, un peu boulotte, qui manque de confiance en elle, d'après son père. Elle me le confirme. « Je suis paresseuse et je n'aime pas travailler. Je ne peux pas aller bien loin, alors… j'en ai conscience… Mais ça va être dur de trouver du travail. Tout cela me décourage, du coup, à quoi ça sert que je me décarcasse ? Ça renforce mon envie d'être paresseuse… » Oui, Caroline a une mauvaise image d'elle-même. Qu'aime-t-elle dans la vie ? Après un « Rien » désabusé, elle finit par me dire qu'elle aime peindre et dessiner. Lorsqu'elle m'en parle, elle se met à s'animer, ses yeux brillent. Nul doute, il y a de l'énergie disponible, mais bloquée. Elle aimerait bien prendre des cours, mais ses parents ne veulent pas à cause de ses notes.

Le chat qui se mord la queue…

Je lui propose de reformuler : au lieu de dire qu'elle se trouve paresseuse, je l'invite à répéter après moi : « Moi, Caroline, je ne suis pas paresseuse, au contraire : je suis une jeune femme créative et j'aime travailler surtout les arts plastiques (mais mes parents estiment que ce n'est pas cela, travailler). » Après avoir dit ces paroles, elle sourit. Je sais qu'elle a compris.

Elle a pu par la suite convaincre ses parents, redoubler dans une section faite pour elle, et obtenir de bonnes notes dans sa nouvelle orientation.

La distance émotionnelle entre la définition que l'on a de soi et celle que l'on pourrait avoir permet de dissocier deux mondes et de les faire se regarder en miroir : c'est ce qu'a pu faire Caroline.

Il n'existe pas de paresse, seulement un vide émotionnel, un « no man's land » où l'on n'a pas le droit d'aller, de s'amuser. Alors, dans ce cas, l'ennui devient un compagnon de route, cher à certains adolescents, qui deviennent ensuite adultes. Quand on s'ennuie, on n'est pas présent à soi-même, comme si on n'incarnait pas son être, muselé par des interdictions de toutes sortes : « Tu dois ceci », « Tu n'as pas le droit cela », et voilà que l'ennui vient pointer son nez. Et le premier lieu où l'on s'ennuie, n'est-ce pas l'école ?

Le bonheur au travail vient d'une réappropriation

de ce que l'on est, qui passe par une reconquête de son estime de soi. Cela, des formations en développement personnel, des fréquentations associatives où l'on trouve plaisir, partage et solidarité, des amis avec lesquels échanger sur des bases authentiques et vraies, un travail thérapeutique réussi peuvent contribuer à l'atteindre. Les jeunes peuvent évidemment bénéficier de ces programmes, de plus en plus proposés et présents sur le marché.

En effet, ceux-ci ne trouvent que rarement le soutien dont ils ont besoin auprès de l'Éducation nationale concernant leur orientation. Au contraire : ils ont plutôt l'impression d'être mal guidés dans leurs choix et mal préparés aux difficultés de l'orientation. On leur demande de « choisir par eux-mêmes » tout en les noyant de conseils (« Ce secteur est bouché, le sais-tu ? ») ; eux se sentent influencés alors qu'ils ont encore envie de s'amuser tout en étant obligés d'« assurer »... En même temps, les notes continuent à les étiqueter (surtout en France) et souvent elles n'ont rien à voir avec ce qu'ils aimeraient faire... et ce n'est pas l'école qui va répondre à ces questions. Des enquêtes ont montré que les jeunes Français sont particulièrement angoissés et peu confiants en eux-mêmes et en leurs possibilités. Pour le chercheur du CNRS Olivier Galland interrogé par *L'Express*[1], ils sont « obsédés » par leurs notes : « L'école sert non pas à former, mais à classer et à hiérarchiser les gens, c'est-à-dire à produire de l'anxiété. » Or la confiance a partie liée avec la compétence. L'adolescent, du point de vue « professionnel », n'ayant d'autre compétence, valorisée par ses parents ou l'école, que celle d'être « bon » scolairement. S'il ne l'est pas, sur quoi d'autre peut-il s'appuyer pour se développer et prendre de l'ascendant sur sa vie ?

1. « Enquête mondiale : comment les jeunes voient leur avenir ? », *L'Express*, 3 janvier 2008.

La demande croissante de la part des parents et de leurs jeunes de « coaching motivationnel » n'est pas anodine, loin de là : elle révèle un vrai malaise sur le vécu de la scolarité. À qui d'autre se confier ?

Je reçois Déborah en supervision[1]. Elle accompagne Dimitri, un jeune de 17 ans, pour son orientation scolaire. À la première séance, celui-ci s'effondre en larmes, parle de son père qui ne le comprend pas. Déborah est embêtée : elle sait que ce jeune n'ira pas voir une psychologue, mais elle se sent démunie face à tant de désespoir. Quelles compétences peut-elle mobiliser pour l'aider ?

Au travers de cet exemple, on voit bien que la demande d'accompagnement revêt bien d'autres aspects que la simple orientation post-scolaire. La première image qu'un enfant a du travail lui vient des adultes qui l'entourent : sa famille puis, son cercle s'élargissant, ses voisins, les parents de ses amis et... ses enseignants. Ces derniers jouent un rôle décisif dans la construction de sa future identité professionnelle : ils enseignent en effet beaucoup plus de choses que la simple matière scolaire qu'ils transmettent[2]. La guidance ou le coaching aident à nouer en premier lieu un dialogue confiant avec le jeune, base sur laquelle il pourra construire une première vision de son avenir.

1. Une supervision est un travail ponctuel avec un professionnel qui a pour but de l'aider à prendre de la hauteur sur une difficulté professionnelle qu'il vit. En coaching, par exemple, elle a souvent pour objet la compréhension du « vrai » problème qui se pose en séance, souvent masqué par d'autres aspects (émotionnels par exemple).

2. Rares sont les gens n'ayant aucun souvenir de leur scolarité : un professeur peut donner goût à une matière et envie de « se dépasser » ; un autre peut tout autant dégoûter et détruire un rêve d'enfant, par une simple remarque, un haussement d'épaules, un désintérêt évident.

Ces séances lui seront aussi utiles pour découvrir qui il est, ses ressources, apprendre à métacommuniquer[1] de manière utile, comprendre mieux les aspects relationnels de la communication en famille, accepter certains dysfonctionnements et désaccords...

Reconnaître le jeune comme une personne unique et en devenir, l'accompagner dans son développement en lui proposant des outils de connaissance de soi, communiquer en montrant l'exemple, valoriser les nouveaux modes de communication (les fameux réseaux sociaux par exemple), fixer des objectifs accessibles avec des étapes, des moyens concrets, des échéances conjointement acceptées et partagées, valoriser les réussites (et non systématiquement pointer les manques, ce qui abîme une estime de soi fragile) sont autant d'apprentissages que doivent proposer une guidance ou un coaching. Pour l'instant, tout cela n'étant guère enseigné à l'Éducation nationale, le privé s'en charge, et nombreuses sont les personnes passionnées par ces nouveaux métiers d'accompagnement professionnel qui, elles, ont compris que cet accompagnement touche nécessairement aux dimensions personnelles.

Ces principes sont applicables à toute personne travaillant au sein d'une entreprise. De quoi se plaint-on la plupart du temps ? D'un manque de reconnaissance, d'absence de considération, de l'arbitraire de décisions qu'on ne comprend plus.

Si, à l'école, on a appris à n'être qu'un élève parmi d'autres et non une personne, on risque fort, dans le monde du travail, de continuer à accepter d'être un poste, une fonction avant d'incarner une personnalité, un individu à part entière.

1. La métacommunication correspond au fait de communiquer sur la façon dont l'on est en train de communiquer. Par exemple, dire : « Est-ce que tu te rends compte que tu me parles d'un ton autoritaire ? » est une métacommunication.

Si, dans l'enfance, on a appris à se conformer strictement aux désirs de ses parents, à leurs angoisses, on risque fort, à l'école, de conserver cette attitude souvent banalisée (voire valorisée puisque l'école favorise l'adaptation passive).

Or, les difficultés rencontrées par les adolescents qui font appel à des services privés pour leur orientation relèvent souvent précisément de cette problématique : le « collage » parental qui rend difficile le fait même de penser à son orientation autrement qu'en référence à ses parents – nous l'avons longuement évoqué à propos du projet parental – et qui renvoie, dans tous les cas, à la difficulté de « savoir choisir pour soi ».

Toutes ces difficultés sont compréhensibles, mais ce qui l'est moins, c'est que le système scolaire ne les prenne pas assez en compte.

La pression que ressent un adolescent en âge de s'orienter est proportionnelle à sa vulnérabilité, personnelle, familiale ou scolaire. Tel ce jeune qui, son père étant décédé brutalement quelques mois avant son bac, n'a pas pu le passer dans de bonnes conditions. Découragé, il l'a repassé deux, trois fois, sans succès. Le début d'un parcours semé d'obstacles, puisque sa mère est tombée gravement malade un an plus tard. Il affirme n'avoir reçu aucun soutien ni accompagnement de la part du système scolaire.

À l'école, puis dans l'entreprise, le jeune, puis l'adulte, est-il vraiment considéré comme une personne ?

Connaissance de soi et estime de soi

Se connaître et acquérir une vision de soi

Approfondir la connaissance que l'on a de soi est un préalable à toute démarche de prise en main de son destin, tant personnel que professionnel. Se constituer un socle sur lequel construire, être conscient de ses fragilités sans les exagérer, voilà un début valable pour (re)prendre la direction de sa vie. À l'inverse, le frein le plus puissant à la motivation et au développement de ses potentialités reste une estime de soi fragile. On a vu combien cela influe directement sur le choix d'une orientation, démarche complexe de construction psychologique et identitaire.

Acquérir une bonne vision de soi, arriver à se projeter dans l'avenir est un préalable à l'orientation : en effet, un projet ne peut se construire sans qu'une image préalable existe. L'orientation scolaire et professionnelle repose avant tout sur une question de « vision » : celle du jeune doit se coupler avec celle du système scolaire, visant alors à évaluer les diverses compétences (et pas seulement les aptitudes scolaires) qui cohabitent dans chaque individu. Si l'école favorisait la connaissance de soi de chaque jeune, elle gagnerait en humanité et son rôle s'en trouverait grandi et réhabilité.

Cette approche de l'orientation, loin d'être utopique, est à la base de ce qui est appelé aujourd'hui l'« approche orientante ». Celle-ci, initiée au Québec, fait l'objet de recherches à l'université de Sherbrooke, à Montréal. Dans une recherche-action, le BIOP[1] parle

1. Sylvène Kitabgi, *Les Errances de l'orientation scolaire : un recueil de témoignages pour une vision de l'orientation à construire*, étude réalisée pour le compte du bureau d'information et

de cette approche qui a « pour principe de mettre l'élève et la transversalité de ses compétences au cœur du système scolaire ». Loin de mettre l'accent sur l'information concrète sur les filières et les métiers, on pourrait dire que l'approche orientante axe tous ses efforts sur une pédagogie du projet reposant sur l'importance de la « connaissance de soi » et de la « confiance en soi » en orientation. De fait, l'originalité de cette approche est d'apprendre aux jeunes à évaluer et à développer leurs compétences (qu'elles soient scolaires ou non), leurs aptitudes et leurs talents en les mettant en relation avec le monde du travail.

Concrètement, cette démarche se caractérise par l'engagement de tous les acteurs de la communauté éducative (directeurs d'école, enseignants, parents, conseillers d'éducation, représentants du monde du travail), en vue de la mise en œuvre, dès la fin de l'école primaire, d'activités scolaires et parascolaires destinées à favoriser chez les élèves un « cheminement vocationnel » progressif ainsi que le développement de toutes les dimensions de leur personnalité.

Plus globalement, le Québec, dans sa logique de déploiement d'une véritable « culture de l'orientation tout au long de la vie » est à l'initiative d'une vision du *counseling* et du « développement de carrière » dans laquelle l'individu (du jeune à l'adulte) est accompagné tout au long de sa carrière dans ses choix d'orientation et de réorientation, de formation et d'insertion, sur la base d'une prise en compte de divers facteurs (psychologiques, sociaux, personnels et biologiques) susceptibles d'avoir un impact sur le développement de sa personne.

Compte tenu des résultats bénéfiques de cette approche pour le développement des élèves, de leurs

---

d'orientation professionnelle (BIOP) de la chambre de commerce et d'industrie de Paris, Michèle Dain (dir.), Paris, janvier 2008.

compétences et de leur confiance en eux, on s'aperçoit que le système scolaire français gagnerait à développer une vision globale de l'orientation qui s'en inspire. Car en France, malgré les efforts, l'orientation reste trop une affaire d'informations ou de procédures.

Or, face aux difficultés qu'éprouvent les jeunes dans leurs démarches, il apparaît que la réussite scolaire, la qualité des choix et de la qualification et, par là même l'insertion ne dépendent pas seulement de la mise en place de nouveaux programmes ou de nouvelles procédures. Les initiatives québécoises montrent en effet qu'il faut également valoriser l'élève tout au long de sa scolarité tout en prenant le temps de l'accompagner et de le guider dans ses questionnements et ses doutes.

C'est donc bien une question de « vision » (et pas seulement de « moyens », la France étant parmi les pays développés celui qui dépense le plus pour son système scolaire !) qui permettrait au système français de prendre en considération d'autres aspects en jeu dans le processus d'orientation, comme apprendre aux jeunes le plus tôt possible à se poser les bonnes questions pour arriver à choisir par eux-mêmes une voie qui corresponde à leur personnalité, sans négliger pour autant les conditions personnelles et familiales, socioculturelles et économiques dans lesquelles ils évoluent.

Développer l'estime de soi

L'avantage de développer l'estime de soi réside dans le fait que s'apprécier rend plus calme, plus fort, plus souple et plus sincère avec soi et les autres. Schutz et Vasconcellos[1] pensent même qu'elle est la base des

1. Will SCHUTZ, *L'Élément humain*, *op. cit.*

relations sociales harmonieuses. La première tâche éducative est de la favoriser et de la développer.

Nous pouvons, à l'instar de ces auteurs, retenir six dimensions essentielles qui contribuent à l'estime de soi :

– La *conscience de soi.* C'est avoir conscience de ce que l'on vit, ressent, voit, pense. Vivre dans un environnement où on apprend à ne pas se fier à ses perceptions ni à ce qu'on entend et comprend engendre un flou interne qui rejaillit négativement sur l'estime de soi.

– Le *sentiment d'importance.* Cet aspect est souvent occulté dans l'éducation, parce qu'il est connoté de manière négative par la morale judéo-chrétienne (se donner « trop d'importance » amène à dévaloriser les autres).

L'outil central qui engendre dialogue et motivation est la reconnaissance de l'autre en tant que personne. Que cet autre soit un enfant, un jeune, un adulte, un subordonné, un malade. Reconnaître cet autre, c'est signifier qu'il compte pour nous, qu'il est important. Favoriser une image de soi constructive et aider l'autre, par ce biais, à « se dire » n'empêche pas l'humilité, corollaire de ce sentiment d'importance.

– L'*autodétermination.* Dans *La Mort suspendue*[1], un alpiniste à la jambe fracturée réussit à rejoindre son camp de base, grâce à sa puissante détermination : il se fixait des objectifs pour les vingt minutes à venir et « jouait sa vie » dans ce temps imparti. Il explique que sans ces mini-challenges, il n'aurait jamais pu avoir la force de vivre pour atteindre son objectif. L'autodétermination est le fruit de nos choix : si tout ce qui nous arrive survient par hasard, quelle place avons-nous dans la direction de notre vie ?

1. Film de Kevin Macdonald (2004), d'après l'histoire vraie de Joe Simpson.

Devenir l'architecte de son avenir, en le « visualisant » à partir de ses valeurs et de ce qui nous guidera vers ce que l'on veut accomplir, telle est l'autodétermination, qui est la capacité de chacun à déterminer sa propre vie en faisant ses choix.

– *L'énergie.* Il est important de discerner le « gagne-pain » d'une vocation. Lorsque nous nous concentrons sur nos pensées, nos sentiments, sensations, gestes, lorsque nous sommes présents nous-mêmes, notre énergie est décuplée, voire illimitée ! Nous perdons au contraire de l'énergie à poursuivre des buts qui ne sont pas bons pour nous, à nous enfermer dans une mauvaise voie, à ne pas sentir la détresse ou l'excitation de l'autre, notre corps, nos émotions...

Souvent, les jeunes oscillent entre frénésie (qu'ils défoulent dans le sport, la musique et les soirées, la sexualité, un travail intellectuel de plus en plus intense et prolongé, le tout sous-tendu par un appétit d'ogre) et mollesse extrême (ralentissements inattendus, fatigue soudaine – surtout pour mettre le couvert –, lenteur exaspérante...). C'est qu'ils gèrent encore mal leur énergie dans cette période où ils doivent apprendre à sentir leur corps (en pleine réorganisation hormonale) et leurs sentiments de manière différente. Des activités réveillant les sens (la cuisine, la musique, etc.) et sollicitant la capacité de concentration (comme les arts martiaux) sont excellentes pour canaliser l'énergie.

– *La sympathie.* C'est s'apprécier simplement tel que l'on est, et distinguer ce que l'on fait de qui on est. À l'heure actuelle, il faut faire ses preuves (à l'école, au travail) pour « valoir » de l'intérêt ou « peser » tel prix. Le sentiment d'être accepté par les autres relève plus des performances que de l'être. Jusqu'où aller alors pour obtenir l'amour et la considération des autres (et de soi-même) ?

– *La compétence, les ressources.* Lorsqu'on se sent compétent, on se sent aussi intelligent et fort. Ce qui n'arrive pas tous les jours. Parfois, il faut aussi oser s'avouer ses faiblesses et ses limites. La compétence consiste à savoir faire face aux événements de la vie : « Me sens-je écrasé(e) ou au contraire plein(e) d'entrain ? »

Accompagner un jeune pour l'aider à choisir sa voie professionnelle passe d'abord par l'intérêt qu'on lui porte car, adulte en devenir, il traverse une phase délicate de sa vie. L'orientation consiste à proposer davantage qu'une panoplie d'outils et une multiplicité de filières – qui se complexifient du reste d'année en année. Nous serons des adultes responsables face à nos enfants lorsque nous oserons regarder en face nos propres histoires de vie et développer un dialogue sensible sur nous-mêmes, limitant ainsi nos projections et croyances pour les laisser explorer le champ vaste de leur imagination, leur fougue et leurs désirs. Ils pourront alors prendre le risque de faire leurs propres choix. Et les réussir.

Conclusion

À partir d'une réaction à une souffrance personnelle (ou identifiée chez une personne proche, comme nous l'avons vu pour Philippine au début de ce livre), éprouvée dans l'enfance ou à l'adolescence mais aussi à l'âge adulte, un projet de vie peut faire sens. Ce qui importe ici n'est jamais l'événement en soi, mais bien l'interprétation qu'on en fait. C'est là l'essence du « scénario de vie » décrit par Eric Berne[1]. Pour transformer un quotidien insipide en une vie riche de sens pour soi et les autres, il faut que le projet représente un véritable défi pour la personne, qu'elle y mobilise tout son être, s'imposant une discipline à tous les niveaux.

Construire un sens à sa vie n'est possible que si la survie est assurée. Une sécurité suffisante est nécessaire pour voir au-delà du jour présent. En même temps, une fois ce confort acquis, être présent à soi-même implique d'être capable de vivre chaque jour, chaque heure, sans perdre de vue le but plus large vers lequel la plupart des actions sont tournées. Être capable de voir à la fois près et loin, tel est l'un des talents à développer en soi pour atteindre ses buts.

---

1. Eric BERNE, *Que dites-vous après avoir dit bonjour ?*, Paris, Tchou, 1975.

Une personne peut élargir le cercle de ses relations à l'ensemble de la communauté : activités associatives, politiques, ou tout simplement amicales, familiales, peuvent servir un but axé vers le bien-être collectif. Beaucoup de gens n'ont pas d'autre but que de vivre ainsi, tournés vers les autres et jamais sur eux-mêmes, et s'en trouvent très bien comme ça.

Mais souvent, lors d'un événement brutal, inattendu (comme un licenciement, un divorce ou plus simplement un anniversaire comme celui qui marque le milieu de vie), on remet en cause les fondements de son existence et on se découvre d'autres valeurs, déjà présentes en soi mais auxquelles on n'avait pas eu accès jusqu'alors. On atteint un stade dans le développement de son potentiel ; on prend conscience de ses limites, on remet en question le général et l'individuel. Une fois ce stade dépassé, dégagé des anciennes pressions (véhiculées par notre appartenance familiale) on est apte à nourrir d'autres desseins. C'est le stade ultime de l'inclusion du projet de vie dans un système plus large.

Avoir un projet de vie n'est cependant pas une condition suffisante. Car il implique une discipline difficile pour atteindre ses buts. Devenir médaillé de body-building suppose un entraînement sans faille, qui supplante les états d'âme, les envies de rester au lit, de grignoter la veille d'une compétition… À ce stade, on peut être tenté d'abandonner, ou d'adopter un projet de vie moins ambitieux. Mais si le sens de notre vie passe par les championnats, ne pas s'en donner tous les moyens, même si cela peut paraître plus facile sur le moment, engendrera des regrets, voire de l'aigreur à long terme. Mieux vaut suivre ce que l'on a décidé, même si c'est dur. C'est l'engagement quotidien qui donne, au bout du compte, de la valeur à nos actions. C'est le temps qui génère la difficulté dans la réalisation d'un projet, car l'amoncellement des obstacles use parfois notre détermination. La force mentale est alors la capacité à « tenir le cap » malgré tout.

La difficulté semble résider dans le fait que personne ne peut a priori dire : « Tel projet est fait pour moi, celui-ci est plus pour toi. » Nous n'en savons rien. Nous devons passer par les étapes de la connaissance de nous-mêmes pour savoir ce qui nous anime et donner une direction à notre vie. Pour se mettre sur la voie, il est nécessaire d'utiliser toutes nos sensations, corporelles, émotionnelles, intellectuelles, qui nous stimulent et nous « réveillent ». Petit à petit, nous accéderons au plus près de cette voie, unique pour nous, qui donnera du sens à notre existence, et diminuera l'entropie dans nos pensées.

Les exemples sont multiples et tous les jours, dans mon cabinet, je reçois des gens qui se sont suradaptés aux exigences parentales, c'est-à-dire qui ont nié leurs désirs pour faire plaisir et répondre positivement aux attentes implicites. Nous avons vu beaucoup de telles histoires dans cet ouvrage. À l'âge adulte, nombre de choses sont à réapprendre : dire non, être à l'écoute de ses désirs, de ses perceptions, la confiance en soi, la détente, le lâcher-prise, accepter et gérer les conflits... Un projet professionnel réussi passe d'abord par l'apprentissage sur soi. Fort de cette connaissance, l'individu peut sentir ce qui l'attire et réveiller ses énergies perdues ; cela peut prendre des mois, parfois des années, mais il est sûr que ce cheminement mène à plus d'engagement dans sa vie : il aide à la création d'un vrai projet à soi. C'est cela, accéder à l'autonomie.

Conquérir son bonheur est un effort de tous les instants : au quotidien, dans nos actions les plus banales. Mais c'est la persistance du sentiment d'être unique et unifié aux autres qui y conduit. Rappelez-vous des moments où vous avez été le plus heureux : souvent, il suffit de peu de chose. La première caresse du soleil, une grasse matinée après une semaine de labeur, un coup de fil inespéré... savoir accueillir ces petits moments de joie pour être ouvert à ce qui vient, c'est vivre pleinement sa sensibilité. La confiance vient de là, parce que ces instants génèrent en nous de l'espoir, de l'ouverture.

Oser cette confiance en soi et en l'autre demande du travail lorsqu'on n'a pas pu bénéficier (et c'est le cas de la plupart) des meilleures conditions au début de sa vie. Êtes-vous condamné à ne pas vous réaliser parce que vous avez été mal aimé ou en difficulté ? À cause de l'inculture de votre famille ? De votre culpabilité dont vous avez du mal à vous débarrasser ?

Plus l'individu tend à ignorer qu'il est le produit de son histoire, plus il en reste prisonnier. Le fait d'oser partager ses histoires de famille, sa filiation, est régénérateur pour les personnes que je reçois, surtout si le travail se fait en groupe.

Écouter les histoires des autres s'apparente à la magie des contes de notre enfance : elles font sens pour nous car elles nous aident à mieux comprendre nos propres liens familiaux et leurs impacts émotionnels sur nos vies. Travailler sur soi, apprendre, cela peut se faire dès l'école et se poursuivre au travail, car ces milieux offrent, successivement, des conditions propices à l'épanouissement qui, pour certains, sera synonyme de résilience. Ou alors, à chacun de créer ces conditions et ainsi, à sa manière, reprendre le contrôle de sa vie.

Remerciements

Dominique Picard et Edmond Marc, professeurs de psychologie sociale, que je cite dans ce livre, ont été des personnes clés dans mon apprentissage à l'université : ils m'ont ouvert l'esprit à l'importance de l'interaction dans notre construction individuelle et sociale, je leur en suis éternellement reconnaissante : leur disponibilité, leur gentillesse et leur compétence ont été précieuses. Depuis, Gérard Salem, Ivan Boszormenyi-Nagy, Anne Ancelin-Schützenberger, Vincent de Gaulejac, Will Schutz, Mony Elkaïm, Jacques Lecomte, Eric Berne et bien d'autres ont nourri ma réflexion et jalonné mon expérience.

Un merci précieux et inconditionnel à Hamid Aguini, dirigeant de « Relation et Performance », spécialisé dans les bilans de compétence et le coaching des auto-entrepreneurs, et aussi mon partenaire privilégié : tes remarques structurantes et de bon sens m'ont beaucoup aidée et encouragée. Sans toi, je doute que cet ouvrage ait pu voir le jour !

Merci à Laure Merse, psychothérapeute : ton soutien lors de mes moments de doute a été précieux pour moi.

Merci à toutes les personnes qui m'ont fait confiance : vous m'avez fait découvrir l'humilité et le bonheur d'être, et grâce à vous je continue mon chemin.

Bibliographie

ALBERNHE Karine, ALBERNHE Thierry, *Les Thérapies familiales systémiques*, Issy-les-Moulineaux, Masson, 1999.

ANCELIN SCHÜTZENBERGER Anne, *Aïe, mes aïeux*, Paris, DDB, « La méridienne », 1993.

ANCELIN SCHÜTZENBERGER Anne, *Psychogénéalogie*, Paris, Payot, 2007.

BARBIER Jean-Marie, BOURGEOIS Étienne, VILLIERS Guy de, KADDOURI Mokhtar, *Constructions identitaires et mobilisation des sujets en formation*, Paris, L'Harmattan, 2006.

BATESON Gregory, *Pour une écologie de l'esprit*, Paris, Le Seuil, 1980.

BENTOLILA Alain, *Tout sur l'école*, Paris, Odile Jacob, 2004.

BERNE Eric, *Que dites-vous après avoir dit bonjour ?*, Paris, Tchou, 1975.

BOSZORMENYI-NAGY Ivan, SPARK Geraldine, *Invisible loyalties*, New York, Harper & Row, 1973 ; rééd. Routledge, 1984.

CAYOL Christine, *L'Intelligence sensible*, Paris, Village mondial, 2003.

CSIKSZENTMIHALYI Mihaly, *Vivre*, Paris, Robert Laffont, 2004.

CSIKSZENTMIHALYI Mihaly, *Mieux vivre en maîtrisant votre énergie psychique*, Paris, Robert Laffont, 2004.

CYRULNIK Boris, *Le Murmure des fantômes*, Paris, Odile Jacob, 2003.

DEJOURS Christophe, BÈGUE Florence, *Suicide et travail : que faire ?*, Paris, PUF, 2009.

ELKAÏM Mony, *Comment survivre à sa propre famille*, Paris, Le Seuil, 2006.

FRANCEQUIN Ginette (dir.), DESCAMPS Odile, FERRAND Nicole, CUVILLIER Bruno, *Pour une approche biographique en orientation*, Québec, Septembre Éditeur, 2004.

GARNIER Anne-Marie, MOSCA Francesca, *Génogrammes*, Ramonville-Saint-Agne, Érès, 2007.

GAULEJAC Vincent de, *La Névrose de classe*, Paris, Hommes et Groupes, 1999.

GAULEJAC Vincent de, *Le Coût de l'excellence*, Paris, Le Seuil, 1991.

GAULEJAC Vincent de, *La Société malade de la gestion*, Paris, Le Seuil, 2005.

GAULEJAC Vincent de, LEGRAND Michel, *Intervenir par le récit de vie*, Ramonville-Saint-Agne, Érès, 2008.

IMBER-BLACK Evan, *Le Poids des secrets de famille*, Paris, J'ai lu, 1998.

JACOBSON Léonore, ROSENTHAL Robert, *Pygmalion à l'école*, Paris, Casterman, 1971.

LACROIX Michel, *Se réaliser*, Paris, Robert Laffont, 2009.

LECOMTE Jacques, *Guérir de son enfance*, Paris, Odile Jacob, 2004.

LECOMTE Jacques, *Donner un sens à sa vie*, Paris, Odile Jacob, 2007.

MALAREWICZ Jacques-Antoine, *Systémique et entreprise*, Paris, Village mondial, 2005.

MARC Edmond, *Psychologie de l'identité*, Paris, Dunod, 2005.

MEYNCKENS-FOUREZ Muriel, HENRIQUET-DUHAMEL Marie-Cécile, *Dans le dédale des thérapies familiales*, Ramonville-Saint-Agne, Érès, 2007.

MICHARD Pierre, *La Thérapie contextuelle de Boszormenyi-Nagy*, Bruxelles, De Boeck, 2006.

MILLER Alice, *Le Drame de l'enfant doué*, Paris, PUF, 1983.

MILLET-BARTOLI Françoise, *La Crise du milieu de la vie*, Paris, Odile Jacob, 2002.

NEUBERGER Robert, *Les Rituels familiaux*, Paris, Payot, 2003.

PICARD Dominique, MARC Edmond, *Petit traité des conflits ordinaires*, Paris, Le Seuil, 2006.

POUSSIN Gérard, *La Fonction parentale*, Paris, Dunod, 2004.

RACAMIER Paul-Claude, *L'Inceste et l'Incestuel*, Éd. du Collège, 1995.

REY Yveline, PRIEUR Bernard, *Systèmes, éthique, perspectives en thérapie familiale*, Issy-les-Moulineaux, ESF Éditeur, 1991.

RIALLAND Chantal, *Cette famille qui vit en nous*, Paris, Robert Laffont, 1994.

ROSENBERG Marshall, *Les mots sont des fenêtres*, Paris, La Découverte, 1999.

ROUGEUIL Françoise, *Familles en crise*, Genève, Georg Éditeur, 2003.

SALOMÉ Jacques, *Si je m'écoutais, je m'entendrais*, Paris, Éditions de l'Homme, 1990.

SCHUTZ Will, *L'Élément humain*, Paris, Interéditions, 2006.

TISSERON Serge, *Secrets de famille, mode d'emploi*, Paris, Ramsay, 1996.

WATZLAWICK Paul, BEAVIN Janet Helmick, JACKSON Don, *Une logique de la communication*, Paris, Le Seuil, « Points », 1972.

Table

Du même auteur

Histoire personnelle, destinée professionnelle, Éditions Demos, 2006.

www.isabellemetenier.com

Dans la même collection

Nadine Bauthéac, *Hommes et femmes face au deuil*

Claudine Badey-Rodriguez, *La vie en maison de retraite*

Anne Belot et Joëlle Chabert, *Vivre le grand âge de nos parents*

Pascale Chapaux-Morelli et Pascal Couderc, *La manipulation affective dans le couple. Faire face à un pervers narcissique*

Dr Christophe Fauré, *Vivre le deuil au jour le jour*

– *Vivre ensemble la maladie d'un proche*

– *Le couple brisé. De la rupture à la reconstruction de soi*

– *Après le suicide d'un proche. Vivre le deuil et se reconstruire*

– *Ensemble mais seuls. Apprivoiser le sentiment de solitude dans le couple*

Dr Clarisse Foncacci, *Le diagnostic anténatal*

Micheline Garel et Hélène Legrand, *L'attente et la perte du bébé à naître*

Marcela Gargiulo et Martine Salvator, *Vivre avec une maladie génétique*

Catherine Garnier-Petit, *Mal de mère, mal d'enfant*

Corine Goldberger, *Quand la mort sépare un jeune couple. Le veuvage précoce*

Philippe Hofman, *Une nouvelle vie pour les seniors. Psychologie de la retraite*

Dr François Marchand et Françoise du Sorbier, *Des nuits sans insomnie. Pour en finir avec les troubles du sommeil*

Dr Christophe Massin et Dr Isabelle Sauvegrain, *Réussir sans se détruire. Des solutions au stress du travail*

Composition IGS
Impression CPI Bussière en août 2010
à Saint-Amand-Montrond (Cher)
Éditions Albin Michel
22, rue Huyghens, 75014 Paris
www.albin-michel.fr
ISBN : 978-2-226- 19516-6
N° d'édition : 18435/01. – N° d'impression : 102069/4.
Dépôt légal : septembre 2010.
Imprimé en France.